The Anthropo-Historical Ontology | An Outline of My Philosophy

人类学历史本体论
下卷
存在论纲要

李泽厚 —— 著

人民文学出版社

The
Anthropo-Historical
Ontology
An Outline
of My Philosophy

人类学历史本体论

The
Anthropo-Historical
Ontology
An Outline
of My Philosophy

ONTOLOGY

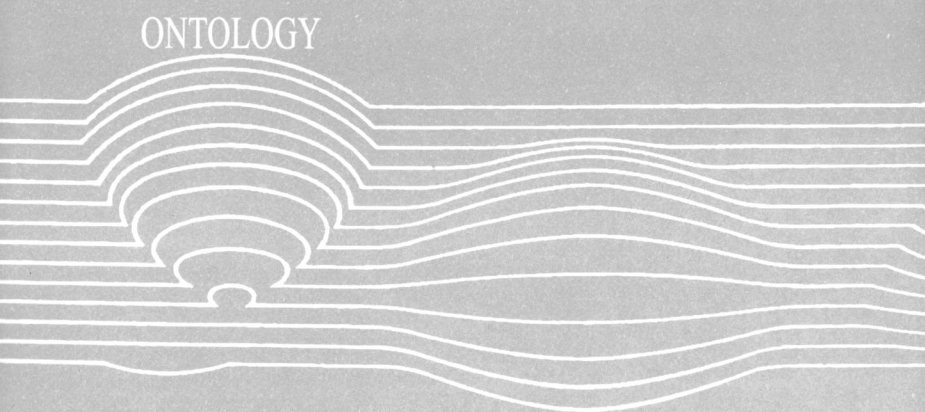

1930年6月出生，湖南长沙人。1954年毕业于北京大学。中国社会科学院哲学所研究员。1988年当选为巴黎国际哲学院院士。1992年客居美国，先后任美国、德国等多所大学的客席讲座教授等。1998年获美国科罗拉多学院人文学荣誉博士学位。2010年入选世界权威的《诺顿理论和批评选集》。

主要论著有《批判哲学的批判》《中国古代思想史论》《中国近代思想史论》《中国现代思想史论》《美的历程》《华夏美学》《美学四讲》《论语今读》《己卯五说》《历史本体论》《实用理性与乐感文化》《伦理学纲要》《哲学纲要》《中国哲学如何登场？》《由巫到礼 释礼归仁》《伦理学纲要续篇》等；结集有《李泽厚十年集》《李泽厚论著集》《李泽厚集》《李泽厚对话集》等。

李泽厚

中国当代著名思想家，在哲学、思想史、伦理学、美学等多个领域均有重大建树，其原创性思想系统为"人类学历史本体论"。

目录

序 ___001

哲学探寻录（1994）___003
"人活着"：出发点___003
"如何活"：人类主体性___011
为什么活：个人主体性___018
活得怎样：生活境界和人生归宿___028

双本体论（2001、2004）___038
工艺本体与所谓"经济决定论"___038
心理成本体___058
文化心理结构___092
再谈宗教经验___100

建立新感性（1988、2006）___129
人性心理本体___129
原始积淀___140
人性与审美形而上学___147

"美育代宗教"答问（2008、2016）___163
语言是存在之家？___163
天地境界___180
感伤中的神意___193
四大皆空还得活___212
歌功而不颂德___216

工夫即本体___221

我思故我不在___226

答高更（Paul Gauguin）三问（2015） ___230

我们从何处来？___231

我们是什么？___235

我们往何处去？___240

序

中国本无存在论（即本体论 ontology），此《纲要》为友朋怂恿，将拙作中有关"人活着"及某些宗教－美学论议摘取汇编，与前二《纲要》合成三位一体，为本无形而上学存在论传统的中国"哲学"，顺理成章地开出一条普世性的"后哲学"之路。唯旧著重组，颇感拉杂失伦；而名实不符，或可博君一粲？

此序。

2010 年 5 月撰写，2015 年 12 月改订

人类学历史本体论

存在论纲要
ONTOLOGY

哲学探寻录（1994）

"人活着"：出发点

（一）"天下何思何虑"：哲学可能性

哲学本是精工细活，妙理玄言，如今却作探寻札记、粗糙提纲；分析哲学家必大摇其头，形而上学者或悻然色变。但哲学既非职业，而乃思想，则常人皆可思想。此"想"不一定高玄妙远、精密细致，而可以是家常生活，甚至白日梦呓。哲学维护的只是"想"的权利。

人一定要"想"吗？人活着就有"想"。睡觉做梦，也还在"想"：在梦中吃饭做事，奋搏逃奔，离合悲欢。这不就是"想"吗？"至人无梦"，这"至人"当是一念不生，一尘不想，免除和杀死一切想、梦的人？杀死之后，又仍活着，便如行尸走肉，不如真的自杀。

但并非每个人都会自杀。恰好相反，实际是每个人都在活着。活着就要吃饭穿衣，就有事务缠身，便被扔掷在这个世界中，衣食住行，与人共在，从而打交道，结恩怨，得因果，忧乐相侵，苦甜相扰。尽管你可以彻底排遣，精神解放，"境忘心自灭，心灭境无侵"。但这解放、排遣、"忘灭"本身，其所以必要和可能，不又仍然是人们努力"想"的结果吗？

在世界而求超世界，在此有限的"活"中而求无限、永恒或不朽；或者，"打破砂锅璺（问）到底"，去追寻"人活着"的（人生）道理、意义或命运；这种哲学或宗教课题，在"后现代"，或只可看作是庸人自扰？"本来无一物，何处惹尘埃"。硬要思量这些本无解答的问题，干什么？真实的存在不就在个体自我的当下片刻吗？其他一切都只是空间化的公共语词，不足以表述那自意识而又不可言说的"××"。与现代追求"反抗"、"独创"、"个性"相反，这里完全不需要这些。一切均已私有化、瞬间化，无本质，无深度，无创造，无意义。中世纪思考和崇拜上帝；启蒙以来，思考和崇拜理性或自我；如今，一切均不崇拜，均不思考，只需潇潇洒洒亦浑浑噩噩地打发着每个片刻，岂不甚好？游戏人生足矣，又何必他求？用完就甩，活够就死，别无可说，历史终结。生活已成碎片，人已走到尽头，于是只一个"玩"字了得。这个世纪末正偶合"后现代"，不好玩吗？

既然如此，也就可以有各种"玩"法。即使日暮无时，何妨强颜欢笑？"为君持酒劝斜阳，且向花间留晚照。""绝望之为虚妄，正与希望相同。"明知无解，何妨重问？总有人要问人生意义这个本无可答的问题，毕竟人也有权利来问这问题，而哲学的可能性就在于人有权利叩问人生，探寻命运，来做出属于自己的决定。

于是，以"人活着"这一原始现象作出发点，便可以生发出三个问题：

1．历史终结，人类何处去？人会如何活下去？
2．人生意义何在？人为什么活？
3．归宿何处？家在何方？人活得怎么样？

《周易》说："天下同归而殊途，一致而百虑。天下何思何虑？"盖即此思此虑也。东西各学说各学派都为"人活着"而思而虑。虽"同归"，却"殊途"。"途"即是路，也是视角，这也就是哲学。哲学只是路的探寻者，视角的选择者。是"路"、是"视角"，便可能有某种全面性和"系统性"，而不是随感或杂谈。但它却不是程式、构架、"第一原理"。它没有确定的规范、论证、文献资料、科学规范、体系建构。哲学将是体系和建构体系的抗争者。对我个人来说，哲学探寻也许只是"聊做无益之事，以遣有涯之生"罢了。

（二）"为天地立心"：由工具本体到心理本体

上节结尾是"做无益之事"，此节却要"为天地立心"，有些滑稽。不过，以落寞心情做庄严事业，恰好是现代人生。说得更庄严也更好玩一点，这也正是"知其不可而为之"的儒学精神和它的悲剧。于是本"探寻录"可能就是这种欲调侃而未能的滑稽剧。但今日的哲学已五光十色，五味俱全，如真能多出一种，岂不更好，抑又何妨？

今日有反哲学的哲学：眼前即是一切，何必思前顾后？目标、意义均虚无,当下食、色才真实。这大有解构一切陈规陋习及各类传统的伟功,但也就不再承认任何价值的存在。无以名之,名之曰"动物的哲学"。

今日有专攻语言的哲学:医疗语言乃一切,其他无益且荒唐。于是,细究语词用法,厘清各种语病,技术精而又巧,却与常人无关。无以名之,名之曰"机器的哲学"。

今日有 Heidegger 哲学:深求人生,发其底蕴,知死方可体生。读《存在与时间》有一股悲从中来,一往无前的动力在。无以名之,名之曰"士兵的哲学"。

当然,还有各种传统哲学和宗教及其变种,林林总总。其中,基督教神学最值得重视。它自神而人,超越理性。在全知全能的上帝面前,Heidegger 的 Being 也相形见绌。高耸入云的十字架,在阳光中灿烂辉煌,崇高圣洁,直接撼人心魄,人生真理岂不在是?命运归宿岂不在此?无怪乎有论者要强调"圣爱"高于伦理,与 Kant 强调道德律令在先、道德感情在后、后者低于前者恰好相反。于是,人生直是一种情感,这是一种泛泛而伟大的情感真理。是邪?非邪?

中国哲学也充满情感,它从来不是思辨理性。但是,它也不是这个"走向十字架"的情感真理。以"实用理性"、"乐感文化"为特征的中国文化,没去建立外在超越的人格神,来作为皈依归宿的真理符号。它是天与人和光同尘,不离不即。自巫史分家到礼崩乐坏的轴心时代,孔门由"礼"归"仁",以"仁"为体,这是一条由人而神，由"人道"见"天道"，从"人心"建"天心"的路。从而，是人为天地立"心"，而非天地为人立"心"。这就是"一个人生"（天人合一：自然与社会有历史性的统一）不同于"两个世界"（神人有殊：上帝与包括自然界和人类社会在内的感性世界相区别）和中国哲学所谓"体用一源，显微无间"的本根所在。

人生有限，人都要死，无可皈依，无可归宿，把爱、把心灵、把信仰付托于一个外在超越的符号，比较起来，似乎还顺当。现在却要自己在这个人生和世界去建立皈依、归宿、信仰和终极关怀，即有限寻无限，于世间求不朽，这条道路岂不更困窘，更艰苦，更悲怆？

在这条道路上，"活"和"活的意义"都是人建构起来的。人为自己活着而悲苦地建构。由于不把它归结于神的赐予，它就虽然可以超越任何具体人群的时代、社会、民族、阶级、集团，却无法超越人类总体（过去、现在、未来）。过去、现在、未来这种空间化的时间系列便是历史。人生意义不局限、束缚于特定的时、空，却仍然从属于人类的总体，此即"主体性"，即历史积淀而成的人类学历史本体。所以人类学历史本体论一方面是立足于人类社会的Marx哲学的新阐释，另一方面又正好是无人格神背景的中国传统哲学的延伸。这个哲学既以"人活着"为出发点，也就是为什么要将"使用—制造工具的人类实践活动"（亦即以科技为标志的生产力）为核心的社会存在命名为"工具本体"的缘故。

人活着要吃饭，但人并非为自己吃饭而活着，把一切归结为吃饭或归结为因吃饭而斗争如"阶级斗争",是一种误解。人生意义虽不在人生之外,但也不等于人生,于是有"为什么活"的问题。

Marx 提到"自由王国",它的前提是人的自由时间的增多。当整个社会的衣食住行只需一周三日工作时间的世纪,精神世界支配、引导人类前景的时刻将来临。历史将走出唯物史观,人们将走出传统的"马克思主义"。从而"心理本体"("人心""天心"问题)将取代"工具本体",成为注意的焦点。于是,"人活得怎样"的问题日益突出。

从世界情况看,人"如何活"的问题远未解决,"活得怎样"只是长远的哲学话题,但由"工具本体"到"心理本体"却似可成为今日一条探寻之道,特别对中国更如此。这不是用"马克思主义"框架来解释或吞并中国传统,而很可能是包含、融化了马克思主义的中国传统的继续前行,它将成为中国传统某种具体的"转换性创造";由于具有一定的普遍性,它也可能成为世界意义的某种"后马克思主义"或"新马克思主义"。

如张载所说:"为天地立心,为生民立命,为往圣继绝学,为万世开太平。""立心"者,建立心理本体也;"立命"者,关乎人类命运也;"继绝学"者,承续中外传统也;"开太平"者,为人性建设,内圣外王,"开万世之太平",而情感本体之必需也。

(三)"鼓天下之动者存乎辞":语言问题

"太初有为"还是"太初有言",似乎也可作为中西哲学异途的某种标志。"太初有言",从而语言成了人的"界限"、"家园"。但各种语言哲学恐怕已不复如日中天,能继续统治下去了。

"为什么有有而无无?""为什么总是点什么而不是什么也不是?"就并非语言所能解答。神秘的是世界就是这样的。世界存在着,人活着,这就是"有",这就是"原始现象",它超越语言。各种宗教、半宗教(包括儒、道)以信仰、情感,禅宗则用棒喝、机锋来点明这个"有"的个体性、偶发性、超语言的不可传达、不可规定性。于是,哲学归趋于诗。

然而,哲学非即诗也。哲学关乎"闻道"和"爱智"。它是由理性语言表达的某种"体认"和"领悟",虽充满情感与诗意,却仍是理性的。"爱智"之"爱",情感也。"闻道"的"闻",即"恐惧乎其所不闻",不"闻"则不足以终极关怀、安身立命,亦情感也。而"智"和"道",则理性之径途、内容和体认。

人们说,是语言说人而不是人说语言。但汉字却显示"天言"仍由"人言"所建立。汉字是世界文化的大奇迹,它以不动的静默,"象天下之积赜",神圣地凝冻、保存、传递从而扩展着生命:"人活着"的各种经验和准则。难怪传说要张扬人造字使"天雨粟,鬼夜哭"。所以,恰恰不是随抹随写,写了就抹;相反,"敬惜字纸",应敬惜这生命的历史和历史的生命。汉字凝结、融化了各方面的口头语言，哺育了一个这么巨大的中华文化的时空实体，并证实着这个实体在活着。《周易》曰："书不尽言，言不尽意。……系辞焉以尽其言。"又说："鼓天下之动者存乎辞。"用知性语言，表述某种超语言的实存的情感体认以推动它的存在，即此之谓也。

从而，哲学作为视角和路的探寻者，便只是某种观念、概念的发明者和创造者。因是"发明"，它总反射出"客观"制约，在古希腊不可能有 Kant 的"发明"，在 Kant 时代也不能有 Heidegger 的"发明"。因是"创造"，哲学具有"主观"情绪。Kant 不进教堂，与他的理性批判有关。Heidegger 不反纳粹，毕竟令人想起他前此的"此在"充满悲情的冲力。哲学观念、概念之不同于许多其他包括科学的观念、概念，在于它的"无用性"和无所不涉性。哲学不提供知识，而转换、更新人的知性世界。Thales 的"水"，Descartes 的"我思"，Kant 的"先天综合"，Heidegger 的"此在"、"存在"，等等，无不如此。这如同艺术转换、更新人的感性世界。于是，无用之用是为大用，作为视角建构和路的探寻，哲学展示了语言的巨大的构造功能。"中国哲学"以实用理性的根底，通由"仁"、"义"、"道"、"气"等观念、概念，将感性、知性、理性混同融合，更突出地显示了"鼓天下之动者存乎辞"的"语言说人"。这语言与书写相连，以经验的历史性支配着人。

"如何活"：人类主体性

（一）"未知生，焉知死"：人类如何可能

Heidegger 讲知死才知生，可说是"未知死，焉知生"。孔老夫子却讲"未知生，焉知死"。

每个人都奔向自己的死亡：那无定的必然。这使人既"畏"且"烦"。从而，高扬非理性的此在（Dasein）生命和动力，认为这就是 Being 的嘱托和召唤。这种个体主义容易走向神秘、空洞与疯狂，甚或隶属于杀人器械。晚年 Heidegger 由"烦"、"畏"而倾心于悦乐（Joy），由 Dasein 而 Being，回到自然怀抱。其实，不走向神，便只有回归于人，来获得"敞开"和"无蔽"。这虽然与中国传统接头，但要注意，中国传统的"人"是现实的具体的"人"及其日常行为（例如《论语》中孔子对"仁"的种种回答），因此，便并不也不能先排开非本真的中性人（Das man）的"人活着"来谈 Dasein 或 Being。遗憾的是，今天好些大讲"生命"、"实存而有"、"人的本真存在"、"道德的形而上学"……的哲学却几乎大多或无视或忽略这一关键点。这些哲学虽然高远玄妙，却经常空洞、抽象，不食人间烟火，不免沦为高头讲章，学者戏论，脱离伦常日用，无法践履；而且，由于哲学与哲学家分离，言行不一，而为世诟病。这一切，似都可归因于脱离"人活着"——首先是"如何活"这一"非本真"的命题而产生。

所以,"未知生,焉知死"包含两个层面:一是首先要知道、了解人"如何活",亦即"人类如何可能"的问题。这里有群体秩序、社会关系种种方面。孔子讲"足食足兵"、"庶之富之",讲"正名"和礼制,就正是处理人"如何活"——"知生"的一个重要层面。

"知生"当然并不止此,它还有人生意义和人生状态,即"为什么活"和"活得怎样"的形而上层面。孔子和儒学对这一层面讲得更多。"未知生,焉知死"不仅把"如何活"摆在第一位,而且是从"活"的路途或视角,而不是从"死"的路途或视角探寻"活的意义",将"本真"的"活的意义"从"非本真"的"人活着"中引申和探寻出来。从而"未知死,焉知生"便只能作为"未知生,焉知死"的补充和提醒,而不能取代它的主导位置。

(二)"生非异也,善假于物也":使用和制造工具

如果不怀成见而略予省视,便可发现:人类生活和生存区别于其他一切生物种族的基本的、突出的、巨大的、主要的特征,在于使用工具和制造工具。奇怪的是,这一基本事实却为哲学家们所熟视无睹,不加重视。大概只有两千年前荀子强调过"假舆马者,非利足也,而致千里;假舟楫者,非能水也,而绝江河。君子生非异也,善假于物也",曾揭示这个极平常却极重要的事实。我以为,这也正是 Marx 的贡献所在:指出以生产工具为核心和标志的生产力的发展是社会存在的根本柱石。从而,经济是基础,

其他乃上层，社会由是生，关系由是出，财产由是立，历史由是行，要求一切"合理化"的工具理性也由是而不断成长发达。Marx历史哲学具有缺陷和毛病，例如以阶级斗争为贯穿线索等等，但指出生产工具、生产力从而科学技术是人类生存的基础这一基本视角仍然正确。这也是以前拙作所着意要承接和说明的，现略重复如下：

1. 与Heidegger等人的看法相反，现代工业、科技以及工具理性等等，尽管造成了环境污染、生态破坏、自我疏离、各种异化，破坏了诗意、自然、安宁和各种人间情爱，但它们同时也极大地改变、改进和改善了整个人类的衣食住行、物质生活，延长了人们的寿命，而这毕竟是主要的方面。谁愿意再穴居洞处，茹毛饮血，冬无暖气，夏无空调，夜无灯火照明，日砍竹木烧食，足不出方圆数十里，活二三十岁即死掉……认为这才是真实的生活、圣哲的境地，那当然自由他去，但恐怕人类的绝大多数不会愿意。既然如此，又如何能否认科技、工业、物质文明、工具理性和历史进步的价值和意义？既然如此，不是浪漫式地批判、否定、舍弃物质文明，而是重新研究、了解、改革、重建它们，清除其为害于人的一面，难道不更实际更符合道理？

2. "天何言哉？四时行焉，百物生焉，天何言哉？""天言"宁静，之所以为人言呱呱所打破，亦以此故。动物有语言，只交流信息；人类有语言，却不仅交流信息，而更在贮存使用—制造工具的生活经验。它构成人类语言的语义,人类独有的"理性"也来自于此。正由于将人的语言、思维中与使用—制造工具的实践经验和规范相隔绝分离,时空观念、逻辑规律、因果范畴等等"普遍必然"便变成了不可解说的"先验"。拙作《批判哲学的批判》(以下简称《批判》)一书及其他提纲即在揭示这一"先验"理性的"客观社会性",即它以人类基本实践(使用—制造工具的活动)的历史性为根源。

3. 人类具有的这种理性,并非个体活动的成果,乃是通由群体活动的原始巫术礼仪而最终产生和形成。这就是区别于其他动物种族的人类所独有的"文化"。它与真正的人类语言历史地同步。正是原始巫术、礼仪要求个体严格遵循各种复杂烦琐的规定,不可逾越,不可违背,它以群体对个体的指定、规范、要求为其形式,实际是挑选、演习、确定、突出、重复、巩固行为中的肯定(+)否定(−)的模式,它是语言中而后是思维中的矛盾律、同一律(这样做便不不这样做)的根源,即 A=A 的语法和"逻辑"的历史来源和根本基础。通过众多巫术、礼仪所产生和巩固的(从而语言、思维所积淀的),并不是对某一特定对象、活动、行为、技能的要求或规范,而是对众多活动的共相命令和模式。人的生活经验之所以不像梦境中的模糊、混沌、杂乱,就是因为有这个从使用—制造工具的实践活动所产生,由巫术、礼仪等文化所确定的最一般的规范形式的缘故。"理性"之所以超个体、似神秘,也是这个缘故。这样,动物的心理也才变为人的心理,这也就是"自然的人化"。外在自然（自然界）由异己的敌对环境变成为人的自然。内在自然（血肉身心）由动物的本能变成具有理性的人的文化心理结构，即"人性"。这也就是我所谓"历史建理性，经验变先验，心理成本体"。

理性因科技在近代的急剧发展，日益损害着个体作为动物性的非理性的生存（人总是动物）。它由于忽视、舍弃甚至排斥、牺牲个体的独特性、偶然性、丰富性，而使"人为物役"，成了各种机器（包括物质机器和社会机器）的奴隶。"理性"需要解毒。从庄子"有机械者必有机事，有机事者必有机心"对文明和异化的最早抗议，到今日成为哲学洪流的"上帝死了"、"人也死了"，便无非是这种解毒，要求冲破、粉碎、废除理性的主宰、统治、控制、管辖和束缚，以便那个血肉之躯的个体生命获得拯救或解放。一面表现为科技、工业的强大的"理性"的急剧扩张和发展，另面表现为文艺、哲学的同样急剧发展的"反理性"的流行和泛滥，便似乎是今天文化、心理的冲突图景。对于有着"儒道互补"长久经验的中国人来说，这两者倒可以相反相成。人类（包括个体）没有理性便无法生存，社会愈前行，生活愈丰裕，使用—制造工具的科技将愈益发达；但人类（包括个体）只有理性，也无法生存，便成了机器人世界。社会愈前行，生活愈丰裕，反理性的文学、艺术、生活风格和风貌也将愈益发达。理性需要解毒，人类需要平衡。人不能是动物，也不能是机器。于是人不断要去探寻、询问专属于自己的命运。

(三)"夫是谓大同":历史终结日,教育开始时

人的命运包括人类的命运和个人命运。如开头所说,个人首先是与"大家"一起活着。我之所以强调实践而非感觉才是哲学的出发点,不仅因为就认识论说,实践形成了人的理性构架,决定着作为认识的感觉或感觉材料(sense data);而且,更重要的是,对于人类整体如何生存延续的关注,一直是许多思想、宗教或哲学的焦点。

理性的发达使人们以为可以凭依它来设计社会乌托邦,但当Lenin等把它付诸革命实践时,美丽的图景顿时成为真正乌有之乡,支付大同社会梦的是亿万人的血汗、泪水与仇恨。从而经验主义自由派的稳健、渐进、改良、否定过分依赖理性以及否定社会整体工程设计,反而显得实在和健康。

即使承认可由理性计算的"社会必要劳动时间"决定商品价值,也由于自由时间的增大而逐渐失去其支配社会存在的力量,从而理性愈益失去其"必然"性质,人类将面临真正的新的纪元。21世纪末也许将成为"历史的终结"?

但"历史的终结"不过是英雄时代的终结,激烈斗争的意识形态的终结,平淡无奇的散文年代将无限延伸。

生活不就更无聊吗?没有争斗、冲突、革命,人生不更乏味?人如何活下去?

不过,历史虽"终结",社会仍存在。由百无聊赖而吸毒、

而酗斗、而杀人和自杀，今日已然，明天更烈。于是，如何建构人性乌托邦，如何使每个个体的身心、潜能全面而健康地开发、成长和实现，就要提上日程。它是乌托邦，因为它是一种无限追求，没有结尾。但它首先大概将要求已充分发展了的个人主义、科学主义、商业化限定在一定度量内而不任其再恶性泛滥。"不仅是外部的生产结构，而且是人类内在的心理结构问题，可能日渐成为未来时代的焦点。语言学是二十世纪哲学的中心。**教育学**——研究人的全面生长和发展、形成和塑造的科学，可能成为未来社会的最主要的中心学科。这就是本文的结论。也许恰好这是 Marx 当年期望的自然主义＝人本主义、自然科学和人文科学成为同一科学的伟大理想。"（拙文《康德哲学与建立主体性论纲》）这也就是我所谓"新的内圣（人性建设）外王（天下太平）之道"。

当然，历史终结毕竟还早，至少还需一二百年。当前是民族主义、种族主义、原教旨主义、新纳粹主义……各种沉渣泛起，似乎要把人类拖回到过去的年代。人们大概还需要支付大量的精力和代价，才能消弭这股历史的逆流和幽灵的重现。

我又仍然以为，这"消弭"主要端赖经济的发展。而且，也只有"工具本体"的巨大发展，才可能使"心理本体"由隶属、独立而支配"工具本体"，这才是"内圣外王"的历史辩证法的全程。于是人类主体性才转而为个人主体性，它才可能使个体具有更为突出位置，而以追寻"活的意义"、"为什么活"为始端。

为什么活：个人主体性

（一）"人生自古谁无死"：伦理绝对主义与相对主义

又回到死。人都要死，意识到死而活着，于是有"为什么活"、"值得活吗"的问题。

如以前所说："为什么活？有各种各样的思想学说、宗教信仰和社会要求来做解答。有人为上帝活，有人为子孙活，有人为民族、国家、他人活，有人为自己的名誉、地位、利益活，有人为金钱活，有人为活而活，有人无所谓为什么活而活……所有这些，也都有某种理论来说明、论证。有的遮遮掩掩，有的直截了当。但所有这些又都不能解决什么问题。究竟人为什么活，仍然需要自己去寻找、去发现、去选择、去决定。"（拙文《哲学答问录》）这也就是"自由意志"：每个人自觉地自由地做出自己的行为决定，而不为现象世界的因果规律所束缚、限制。

这"自由意志"与"绝对律令"有关。Kant 曾指出，必须使你的行为具有普遍必然性才是道德的。这就是所谓有"实践理性"。这"实践理性"从何而来，Kant 认为不可求解，只是先验形式。但依人类学历史本体论看，这个所谓"先验"仍然来自维护人类作为总体（不是任何特定时、空中的群体）的生存和延续。个体一出生，即有此道德"义务"：你出生在一个没法选择的人类总体的历史长河（衣食住行的既定状况和环境）之中,是这个"人类总体"所遗留下来的文明、文化将你抚育成人,从而你就欠债,就得准备随时献身于它,包括牺牲自己。这就是没有什么道理可说,只有绝对服从坚决执行的"绝对律令"和"实践理性"的来由。这是一种"宗教性的道德",是一种伦理绝对主义。"实践理性"、"绝对律令"之所以具有至高无上的地位,它之所以高于一切,不仅高于个体存在,也高于任何群体、民族、阶级、社会、时代的功绩和利益,高出任何具体的历史事件和人物,正因为它所代表的是人类总体的生存。它就是"天"、"神"、"上帝"。在这种"宗教性道德"面前,任何个体都无限渺小,从而才会产生那无比敬畏的道德感情。在这一点上,Kant完全正确:"绝对律令"(实践理性)在先,道德感情(个体心理)在后。在这里,道德、伦理、"实践理性"与幸福、快乐、利益,与个体甚或群体的经验便无关系,而且还经常与个体的幸福、利益、快乐相敌对相冲突,并以牺牲它们而显示自己的无比优越和无上崇高。所谓"战战兢兢,如临深渊,如履薄冰",所谓"读圣贤书,所学何事;而今而后,庶几无愧",便都是这种"宗教性道德"的自觉意识,亦即所谓"良知"、"灵明"。

但历史行程总是具体的。所谓"人类总体"又离不开一时一地即特定时代、社会的人群集体。因此这种"绝对律令"、"实践理性"或"良知"、"灵明",都只是某种形式性的建构。它的具体内容却常常来之于具体的时代、社会、民族、集团、阶级等等背景、环境(如"三纲五常"),而与特定群体的经验、利益、幸福相互关联，从而具有极大的相对性和可变性。任何被人们执行或履行的伦理法规，都是产生在特定时空、具体条件之下，这就是 Hegel、Marx、Auguste Comte 以及现代文化人类学家用伦理相对主义来反对 Kant 的原因：并没有那种先验的"实践理性"，那只是空洞的形式；现实存在的是随时代、社会、利益、环境不同而各不相同的伦理法规和道德原则。它们由法律、规约、习惯、风俗等等形式表现出来，常常是由外在的强制，经过长久的历史，化为内在的自觉要求。这可称之为"社会性的道德"。

"宗教性道德"和"社会性道德"之作为道德，其相同点是，两者都是自己给行为立法，都是理性对自己的感性活动和感性存在的命令和规定，都表现为某种"良知良能"的心理主动形式：不容分说，不能逃避，或见义勇为，或见危授命。其区别在于，"宗教性道德"是自己选择的终极关怀和安身立命，它是个体追求的最高价值，常与信仰相关联，好像是执行"神"（其实是人类总体）的意志。"社会性道德"则是某一时代社会中群体（民族、国家、集团、党派）的客观要求，而为个体所必须履行的责任、义务，常与法律、风习相关联。前者似绝对，却未必每一个人都能履行，它有关个人修养水平。后者似相对，却要求该群体的每个成员的坚决履行，而无关个体状况。对个体可以有"宗教性道德"的期待，却不可强求；对个体必须有"社会性道德"的规约，而不能例外。一个最高纲领，一个最低要求；借用 Kant 认识论的术语，一个是范导原理（regulative principle），一个是构造原理（constitutive principle)。

"宗教性道德"与"社会性道德"关系极其错综复杂,有时判然有别,并不沟通;有时相互重合,似为一体。经常可见的是,人(特定群体)的规范以神的旨意出之:"社会性道德"以"宗教性道德"的身份与名义出现。这在没有宗教的中国式的"政教合一"的传统中特别突出。这需要做各种仔细分析,才能讲解清楚,本文暂没法详叙。

这里所想指出的只是,由于"两个世界"的背景,Kant 较易使绝对伦理主义亦即"宗教性道德"自圆其说,因为"实践理性"、"自由意志"、"绝对律令"的本体世界是与经验的现象世界截然两分,前者影响、决定后者,却决不能由后者提升而来;这样,伦理道德将保持其宗教性的本体崇高,而不致沦为只有相对价值的时代社会性能。人类学历史本体论和中国"乐感文化"的儒学传统,由于"一个人生"的背景,本体即在现象中,并由此现象而建立,没有超越的上帝或先验的理性,有的只是这个"人类总体":它是现象,又是本体。从而"绝对律令"等等作为文化心理结构必须与特定时空条件下的经验"现象界"相联系相贯通,并由之塑造、积淀而来。"社会性道德"比较明确具体,易于了解;"宗教性道德"在这里便遇到了经验变先验、历史建理性、心理成本体的巨大难题。

例如,"人性善"作为"宗教性道德"的本源,在中国传统中,便不能解释为不可追溯的"先验"。作为它的根源的"恻隐之心"或"不安不忍的道德真情之觉"(牟宗三),描述的正是某种感性,而不是超验或先验的理式或精神。如果确认这一点,再去建构"经虚涉旷"的"大全"、"理世界"(冯友兰)或"喜怒哀乐之未发"、"无善无恶心之体"的某种"道德的形而上学",便不过是创立一个非人格神来君临、主宰这个世界和人生罢了。无怪乎,以"终极关怀"来解释宗教的神学家 Paul Tillich 与讲"心体性体"的新儒家牟宗三不约而同地倾心于 Kant 的"道德的神学",都要讲超善恶的上帝或"本体",即变相的"两个世界"。但这与中国传统却并不吻合。

这就是关键所在。两个世界为背景,Kant "知"(认识论)、"义"(伦理学)二分,以"义"为体。"一个人生"为背景,孔学以"仁"为"体","义"、"知"均发于"仁"。朱熹最近 Kant,以先"气"的"理"统治人心,心学强调"良知"、"灵明",却仍以喜怒哀乐之"未发"来作为超越的本体,来统治、主宰"人欲"。于是阳明之后有泰山,戴山之后有陈确,它必然走向反面,均趋近于认"性"为"欲"的近代自然人性论,而将"宗教性道德"全部舍弃(参见拙作《中国古代思想史论》中《宋明理学片论》)。

在 Heidegger 和 Derrida 之后,去重建某种以"理"、"性"或"心"为本体的形而上学,已相当困难。另方面,自然人性论导致的则是现代生活的物欲横流。因之唯一可走的,似乎是既执着感性又超越感性的"情感本体论"的"后现代"之路。在基督教,"圣爱"先于道德律令;在 Kant,"绝对律令"先于道德感情;如果以"情"为体,则可以折中二者,即作为历史积淀物的人际情感成为"宗教性道德"的律令根基,但它并不是当下情感经验以及提升而已。它是一种具有宇宙情怀甚至包含某种神秘的"本体"存在。在这里,本体才真正不脱离现象而高于现象,以情为"体",才真正地解构任何定于一尊和将本体抽象化的形而上学。

(二)"天行健":有情宇宙观

道家说:人之大患,在于有身。佛家说:苦海无边,无有涯岸。但人偏偏有此生命和身体。前面说过,人不会都去出家、自杀。人还得艰难地活着,活大不易。人没有利齿、巨躯、锐爪、快腿,靠"善假于物"而生存,肉体、精神受尽了千辛万苦、万苦千辛。个体早夭,群体灭绝者,比比皆是。然而人顽强地活着,这就是个体人生和人类历史。

为此不容易"活"而顽强地"活着"和"活下来"这一事实,即可构成"活"的意义,它支撑着"活"的意念,成为"活"的理式和力量。这正是中国"乐感文化"的本源。"活"本荒谬而偶然,"活"或"不活"的意义都由人自己去建构。问题只在于:是把"活"的意义建构在不活、他世、上帝,还是就建构在这"活"本身?对儒学来说,"活"的(生命)意义即在"活"(生命)本身,它来自此"活"(生命)。也就是说,"活的意义"就在这个人生世事中,要在这个人生世事中去寻求。由于人首先是活在天地自然之中,而且是如此艰难辛苦地活着,"活"在这里便是挣扎、奋斗、斗争和这种奋力斗争的成果和胜利(终于活下来)。我以为,这就是儒学之所以赋予"活"(生命)以雄伟阔大的宇宙的情感肯定意义的由来。宇宙本无情,自然本中性,"天地不仁,以万物为刍狗","天不为人之恶寒也辍冬,地不为人之恶辽远也辍广";但儒学偏偏要以为并强调"天地之大德曰生"、"生生之谓易"、"仁,天心也",将"人活着"和自然界的存在和万物的生育,看作宇宙自然的"大德",这就是以"情"为体,将"人活着"予以宇宙性的泛情感化,即给予整个宇宙自然以温暖的、肯定的人的情爱性质,来支撑"人活着"。从而,它不是抽象的思辨理性,不是非理性的宗教盲从,而是理欲交融的实用理性和乐感文化,是一首情感的诗篇。但这是用理性语言说出来的诗。它说的是:正因为"活"得如此艰苦凄怆,"活"本身便是件大好事。四大非空,有情更实,生命多么美好,自然如此美妙,天地何等仁慈!那么,又何必去追求虚无,讲究寂灭,舍弃生命,颂扬苦痛,皈依上帝呢?就好好地活在世界上吧。只要不执着、不拘泥、不束缚于那些具体事件、对象、烦扰中,那么,"四时佳兴与人同"、"日日是好日",为什么不去好好地欣赏和"享受"这生活呢?为什么不可以由此"悟道",进入这"本体"、这宇宙而"天人合一"呢?宇宙自然即是那有灵知、有情性的上帝。

所以,儒学无原罪或原恶,而只有原善。因为"人性善"是与"天行健"、与"天地之大德曰生"相承续而依托,它就相当于基督教的"圣爱"。但这个"天行健"、这个"天地之大德曰生"的"圣爱",

却又仍然是"人行健"——人类总体为"活"而不屈不挠前仆后继的奋斗的本体提升,而并非任何个体的情感经验或现象。再重复一遍,战胜一切艰难险阻,历经苦难死亡,而奋力不息地生活着、斗争着,在诸生物族类中创此伟大世界,这就是人类总体的"本体"所在。从《易传》、《中庸》到董仲舒,到宋明理学,儒学把这伦理"本体"提升为足可敬畏的宇宙本体,使伦理秩序即宇宙秩序,宇宙秩序即伦理秩序。在这个伦理-宇宙本体系统里,人的地位就当然是"参天地,赞化育":不是屈从在客观目的论或人格神的主宰之下;相反,天地的存在倒是统一于服从于"人活着"这一根本主题。"活"成了由"人道"而"天道"的普遍性的伟大价值。但这并非近代西方的人类中心论,而仍然是人与自然宇宙互依赖共生存的"天人合一"论。

(三)"道可道,非常道":无情辩证法

Kant 说,"上帝的事业从善开始,人的事业从恶开始"。Hegel 和 Engels 说,恶是"推动历史发展的杠杆"。从善开始,是伦理绝对主义,即伦理主义;从恶开始,是伦理相对主义,即历史主义。如前所说,伦理规约、道德风俗常与特定时空条件和各种具体环境攸关,是人在特定时空条件下的社会责任和意义。这种"社会性道德"并不在个体追寻活的意义,而在保障一定的群体"如何活"下来。它实际属于"如何活"的范围。而历史总是在"如何活"的范围内前行。

迄今为止的历史,总践踏着千万具尸体而前行。文明通过暴力、战争、掠夺、压迫、剥削、阴谋、残酷、滥杀无辜、背信弃义等等来斩榛辟莽,开拓旅程。大英雄、大豪杰、大伟人也经常是大恶棍、大骗子、大屠夫。"窃钩者诛,窃国者为诸侯;诸侯之门而仁义存焉"。就人类说,历史经常在这悲剧性的恶的事业中发展前行;就个体说,从古至今,幸福与道德也很少统一。

"积善云有报,夷叔在西山;善恶苟不应,何事空立言?"(陶潜)"福"、"德"之不能一致,古今同憾。那么,怎么办?Kant 提出由上帝保证的"最高善"作为绝对律令的归宿。佛家有"三世业报"之说。但这些都不过是公设和假定。从儒学传统和人类学历史本体论来看,也许用"人类总体"来替代上帝和业报轮回,可能还实在一点。因为这个总体包含了子孙万代,大概只有在这个"子孙万代"的无限历程中,"福"、"善"才能统一。在这之前,人经常陷在伦理与历史矛盾冲突之中。

道家之所以厉害,之所以能生发法家,就在冷静的历史主义。它知道天地乃中性,并不仁慈;人世更险巇,必须装假。从而,它不像儒学那样去傻乎乎地建构一个有情宇宙观或本体论来支撑人世秩序(纲常礼教)和人生目的(济世救民)。"道可道,非常道"的"道",并非指本体、宇宙,而恰恰是指实用、运用。所谓"运用之妙,存乎一心",从而不可道也。"无名,天地之始;有名,万物之母"等等,也并非宇宙论、自然观,仍然是"道术";讲的是保持那潜在的可能性的无限,以高于、大于、优越于任何现实性的有限即万事万物,才能以"无为而无不为"而长治久安(对"国家"说)而保身全生(对个体说)。道家冷静观察了人事变迁的历史轨迹,知道它是"恶的事业";包括"仁义礼智",也只造成灾难祸害,从而充分揭示荣辱相因、胜败相承、黑白相成、强弱相随等等辩证关系,强调人们应主动掌握它、运用它。所以它是行动的辩证法,而非语言或思维的(如希腊)辩证法(见拙作《中国古代思想史论》中《孙老韩合说》)。如果说儒学充分体现了中国"实用理性"的情感面,那么道家则是中国"实用理性"的智慧面的展现。一仁二智,儒道互补。这"互补"也展示出"宗教性道德"与"社会性道德"的复杂关系。一方面,例如中国重老,某些原始部族却杀老;"王何必曰利,亦有仁义而已矣","义利之辩乃人禽之别",是传统社会的道德;"恭喜发财","时间就是金钱"是现代社会的"道德"。伦理准则道德标准的相对性、可变性、功能性显示出历史主义和无情辩证法的巨大力量。但另一方面,"杀老"正如"重利"一样,毕竟不能作为"绝对律令"而长存。相反,侯门必悬仁义;大坏蛋也要满口"仁义道德"、"人民大众"、"民族国家";人做了坏事,清夜扪心,仍有自愧。这一切又都显示出任何相对主义、历史主义仍旧掩盖不住那以维系人类总体生存为根底的"宗教性道德"的本体威严和崇高。正是它积淀了超越具体时代、社会的人的文化心理结构。这也就是"儒道"、"儒法"虽互补,却为什么仍需以"儒"为主干的原因。

活得怎样：生活境界和人生归宿

（一）"学是学此乐"：人生四境

中国传统之所以是"乐感文化"，除了它以人生（亦即一个世界）为根基，以"实用理性"为途径，以肯定、追求生的价值和意义为目标之外，还在于它所讲求的"乐"又仍然具有形而上的皈依品格。此"乐"是一种宗教性的情感。上面已讲，这正是以"仁（情）"为"体"与 Kant 以"义"（无情感性的实践理性）为"体"的区别所在。以"仁（情）"为"体"，则具有感性情感的"恻隐之心"，才是实践理性的人性。它虽仍是个体的、感性的，却是对"本体"的体认或高峰体验（peak experience），即拙作《美学四讲》称之为"悦神"的审美境界，冯友兰称之为"天地境界"（《新原人》）。

Kant 继"我能知道什么"（认识论）、"我应该做什么"（伦理学）、"我能希冀什么"（宗教学）之后，再加一问："人是什么"（人类学）。人类学历史本体论则恰恰从"人是什么"开始，提出"人活着"（出发点）、"如何活"（人类总体）、"为什么活"（人的个体），而将归结于"活得怎样"：你处在哪种心灵境界和精神状态里？这种状态和境界并非描述是否有电视、空调之类，也并非询问你是兴高采烈还是满腹牢骚；它关注的是个体自身的终极关怀和人格理想。宗教性课题在一个人生、一个世界的中国，转换为生活境界和人生归宿的探寻。

"如何活"、"为什么活"是理性的内化和理性的凝聚,显示的仍然是理性对个体、感性、偶然的规划、管辖、控制和支配。只有"活得怎样"的审美境界,理性才真正渗透、融合、化解(却又未消失)在人的各种感性情欲中,这就叫理性的积淀或融化。"理性的内化"给予人以认识形式,"理性的凝聚"给予人以行动意志,"理性的融化"给予人以生存状态。前二者(内化、凝聚)实质上还是一颗集体的心(collective soul),只有后者才真正是个体的心。所以理性在此融化中自然解构。"平畴交远风,良苗亦怀新","万籁虽参差,适我无非新",这些并非对自然景物的描写,而正是理性的融化和解构后的生活境界和人生归宿。"如何活"和"为什么活"都可以用知性语言来表达,如各种语言描述和语言指令。但"活得怎样"却常常超出知性语言,非语言所及,它只是诗。

冯友兰曾分人生境界为"自然"、"功利"、"道德"、"天地"四阶梯。这些"境界"并不能截然划开,特别是"如何活"总作为基础和纠缠物与它们交错在一起。"自然境界"是对人生或人生意义浑浑噩噩,不闻不问,满足于"活着就行"的动物性的生存状况里。"功利境界"则是每人都有熙熙攘攘的日常生活,为利、为名、为官、为家;或荣华富贵,功业显赫;或功败垂成,悲歌慷慨;或稳健平淡,度此一生。"道德境界"则圣贤高德、立己助人、清风亮节、山高水长;而凡夫俗子苟有志焉,亦可力就。这些都由语言管辖、统治。唯审美境界（天地境界）则不然。它可以表现为对日常生活、人际经验的肯定性的感受、体验、领悟、珍惜、回味和省视，也可以表现为一己身心与自然、宇宙相沟通、交流、融解、认同、合一的神秘经验。这种神秘经验具有宗教性，直到幻想认同于某种人格神。但就中国传统说，它并不是那种得神恩天宠的狂喜，也不是在宗教戒律中的苦苦追求，而仍然是某种"理"（宇宙规律）、"欲"（一己身心）交融的情感快乐。也许，这就是庄子所谓的"天乐"。因为这种快乐并不是某种特定的感性快乐，即无所谓快乐与不快乐，而只是一种持续的情感、心境、mood，平宁淡远，无适无莫，这也就是某种生活境界和人生归宿了。理学讲"心统性情"。但从程朱到阳明到现代新儒家，讲的实际都是"理本体"、"性本体"。这种"本体"仍然是使人屈从于以权力控制为实质的知识（权力）的道德体系或结构。所以，不是"性"（"理"），而是"情"；不是"性（理）本体"，而是"情本体"；不是道德的形而上学，而是审美形而上学，才是今日改弦更张的方向。所谓"乐是乐此学，学是学此乐"的"乐"，"情"也，非"性"也。"情"与"欲"相连而非"欲"，"情"与"性"（"理"）相通而非"性"（"理"）。"情"是"性"（道德）与"欲"（本能）多种多样不同比例的配置和组合，从而不可能建构成某种固定的框架和体系或"超越的""本体"（不管是"外在超越"或"内在超越"）。可见，这个"情本体"即无本体，它已不再是传统意义上的"本体"。这个形而上学即没有形而上学，它的"形而上"即在"形而下"之中。Kant、Heidegger都想去掉形而上学,但又建构了自己的形而上学。大概只有在解构的"后现代",才有去掉形而上学的可能,但又流于真正的原子个人而物欲横流,失去任何普遍价值和社会性。也许,只有凭依理欲交融的"情本体",能走出一条路来?而"心体"、"性体"只有归依于"情体",也才能真正贯彻一个人生、一个世界的华夏精神。"情本体"之所以仍名之为"本体",不过是指它即人生的真谛、存在的真实、最后的意义,如此而已。

(二)"春且住":艺术与时间

"山静似太古,日长如小年。"在工具本体到心理本体的行程中,时间也由客观的空间化派生出主观的情感化,即时间不只是供计算的钟表数字(人在群体活动中的生物—生理—生活—社会的参照系统),而成为某种情感的强力绵延。在情感中,空间化的时间停止了,时间成为超时间。与俄罗斯东正教圣像文化强调苦难即拯救,不是走向光明而是走入黑暗才永恒得救,从而与Dostoevsky残酷地折磨心灵相反,中国重视的是似乎更在这心灵的超时间中得到"天乐"的永恒。在基督教,空间化的时间终止在上帝怀抱,那是既非理性又排除日常感性的情感体验。在中国,空间化的时间终止在人的怀抱,那是既融化理性又不排除日常感性的情感体验。你看那宋元山水画,就是这种心境、精神、"天乐"的物态化,显现是一种情感的时间即超时间。中国画论之所以将"逸品"放在"神品"之上,正因为前者标志着这种超时间的人生境界,它不只是精神、意象、兴趣、道德,而是"逸"的韵味。那高山流水,茂林修竹,那茅屋半间,行人几个,它超脱可计量的空间化的具体时间,无须日影,没有晨昏,但又仍有四时景象,这景象体现着人际关怀、人间情爱,它指向的是一种生活境界和人生归宿。这才是"境(人生境界)生象(艺术图景)外","得其环中"。

前人说,"禅而无禅便是诗,诗而无诗禅俨然";"以禅作诗,即落道理,不独非诗,并非禅矣";陶潜、王维之所以比寒山、拾得,比宋明理学家们的诗似乎更使人"闻道"、"悟禅",就因为"本体"已融化在此情感中。此诗此情即是真如。"以禅作诗"便是以一个玄虚的"本体"硬加在所谓"现象"之上,它与感情始终两橛。可见,如前所说,"情本体"恰是无本体,是以现象为体。这才是真正的"体用不二"。熊十力讲"大海水即此一一沤",但又无端建构"辟、翕"的自然宇宙论。其实"大海水"并非那思辨的天体、道体、心体、性体以及"辟、翕"等等,"一一沤"也并非那万事万物的心性现象,它们乃是种种具体的人生情感,而"大海水",即因融化理性于其中而使它们成为"本体"者也。

一切均消逝而去,唯艺术长存。艺术使人体验艺术中的时间,从而超时间。在此体验中,情感泯灭、消化了分、定、位、所(空间化的时间),既超越了此时此地、日常生活的时间,却又与此时此地的日常时间的情感融合在一起。从而人们在废墟、古城、图腾柱、哥特教堂、石窟佛像、青铜礼器……这些在当时有关宗教、道德、功利等时间性的实用物前，所感受、领悟、体验的恰好是对人类总体存在的非实用非功利非道德的超时间的情感确认，常表现为对时间的无限感叹，这也就是人对自己存在的"本体"把握。一切情深意真的作品也都如此。不是"如何活"和"为什么活"，而是"活"在对人生、对历史、对自然宇宙（自己生存的环境）的情感的交会、沟通、融化、合一之中。人从而不再是与客观世界相对峙（认识）相作用（行动）的主体，而是泯灭了主客体之分的审美本体，或"天地境界"。人历史性地生活在与他人共在的空间化的时间中，却让这些空间化的时间经验进入艺术凝冻，它便超时间而永恒常在，使后来者的人性情感愈益丰足，这就是"德不孤，必有邻"，这就是变易中的不易。这"不易"并不在别处，就在这人生情感之中。《华夏美学》说："'日午画舫桥下过，衣香人影太匆匆'……生活、人生、机缘、际遇，本都是这么无情、短促、偶然和有限，或稍纵即逝，或失之交臂；当人回顾时，却已成为永远的遗憾……不正是从这里，使人便深刻地感受永恒本体的谜吗？它给你的启悟不正是人生的目的（无目的），存在的意义（无意义）吗？

"人沉沦在日常生活中，奔走忙碌于衣食住行、名位利禄，早已把这一切丢失遗忘，已经失去那敏锐的感受能力，很难得去发现和领略这目的性的永恒本体了。也许，只在吟诗读书、听音乐的片刻中；也许，只在观赏大自然的俄顷和久长中，能获得'蓦然回首，那人正在灯火阑珊处'的妙悟境界？……

"永恒是无时间性的存在，它曾经是Parmenides的'不动的一'，是《易经》的流变，是庄周的'至人'，在这里，却只是如此平凡却又如此神妙的'蓦然回首'。……任何自然和人事又是时空的存在。所谓无时间、超时间或宇宙（时空）之前之外，都只有诗和哲学的意义。……它不关涉真正的自然、人世，而只建设心理的主体。"（第5章）

这"心理主体"不也就是"本体"所在吗？传统哲学经常是从感性到理性，**人类学历史本体论则以理性（人类、历史、必然）始，以感性（个体、偶然、心理）终**。"春且住，见说道天涯芳草无归路"。既然归已无路，那就停留、执着、眷恋在这情感中，并以此为"终极关怀"吧。这就是归路、归依、归宿。因为已经没有在此情感之外的"道体"、"心体"，Being或上帝了。"木末芙蓉花，山中发红萼。涧户寂无人，纷纷开且落。"天心人心在此便浑然一体，无由分辨，言断路绝，无可寻觅了。呈现在如此美妙的超时间的艺术中的神秘经验，既非思辨理性，又非生物情欲，仍然是某种理欲交融的审美境界，让这种审美情感去引领你"启真"、"储善"（见拙文"主体性提纲"），去体认宇宙、自然的诸多秘密吧。这是没有人格神、没有本体现象两个世界之分的审美的、艺术的、情感的神学。

（三）"何人不起故园情"：人类万岁、情感万岁

艺术只是供片刻观赏或创作的"作品"，如果生活、人生本身即艺术，该多么好。Dewey 曾讲艺术即经验。儒家也讲生活即艺术（梁漱溟、冯友兰、钱穆等，见《华夏美学》），均无非求艺术于人生，使生活成艺术。既无天国上帝，又非道德伦理，更非"主义"、"理想"，那么，就只有以这亲子情、男女爱、夫妇恩、师生谊、朋友义、故国思、家园恋、山水花鸟的欣托、普救众生之襟怀，以及真理发现的愉快、创造发明的欢欣、战胜艰险的悦乐、天人交会的皈依感和神秘经验，来作为人生真谛、生活真理了。为什么不就在日常生活中去珍视、珍惜、珍重它们呢？为什么不去认真地感受、体验、领悟、探寻、发掘、"敞开"它们呢？你的经历、遭遇、希望、忧伤、焦虑、失望、欢快、恐怖……不也就是你的实际生活吗？回忆、留恋、期待、执着、追悔……种种酸甜苦辣，即使作为自身体验不也重要吗？一切事件、事物、景色、环境，不也都围绕着它而构成意味吗？不正是在这里，你才真正活着吗？人生无常，能常在常驻心灵的，正是那可珍惜的真情"片刻"，此中大有深意在。只有它能证明你曾经真正活过。于是在这日常、平凡的似乎是俗世尘缘中，就可以去欢庆自己偶然的生；在这强颜欢笑中，这忧伤焦虑中，就可以去努力把握、流连和留住这生命的存在。使四大非空，一切如实，宇宙皆有情，万物都盎然生意。何必玩世逍遥？何必诅咒不已？执着它(体验)而又超脱它(领悟)，

不更好吗？这就是生命的故园情意，同时也就是儒家的"立命"。"命"并非别的，它关注的正是这个非人力所能主宰、控制的人生偶然。别让那并不存在的、以虚幻的"必然"名义出现的"天命"、"性体"、"规律"主宰自己。重要的是让情感的偶然有真正的寻找和家园归宿："山仍是山，水仍是水。"在这种种似如往昔的平凡、有限甚至转瞬即逝的真实情感中，进入天地境界中，便可以安身立命，永恒不朽。何况，人类的生存延续虽不神秘，但宇宙的存在仍是神秘的。用什么来参透这神秘？欲望和理性均难以为力，于是也只有通由此诗意的感情了。

"不知何事萦怀抱，醒也无聊，醉也无聊"。如此偶然人生，如此孤独命运，怎能不"烦"、"畏"？但与其去重建"性"、"理"、"天"、"Being"、"上帝"、"五行"等等"道体"来管辖、统治、皈依、归宿，又何不就皈依归宿在这"情"、这"乐"、这"超时间"、这"天人交会"，总之这"故园情意"中呢？这里不更安全、熟悉和亲密吗？君不见，流行歌曲唱道："一场噩梦醒来后，只见夕阳挂山头。再多回忆，再多理由，也是杯苦酒"；"掌声响起来，我心更明白。多少青春不在，多少情怀已更改，我还拥有你的爱。……"《美学四讲》说："把社会氛围转化入作品，使作品获有特定的人生意味和审美情调，生活积淀在艺术中了。在那么吵闹、毫无思想的 Disco 舞蹈中，也仍然可以有人生的深刻意味，青年们之所以为此'疯狂'，其实并不是件浅薄的事。"（"艺术"章，第 4 节）它一定程度上呈现了对偶然—命运的情感探寻的后现代人生。

　　慢慢走,欣赏啊。活着不易,品味人生吧。"当时只道是寻常",其实一点也不寻常。即使"向西风回首,百事堪哀",它融化在情感中,也充实了此在。也许,只有这样,才能战胜死亡,克服"忧"、"烦"、"畏"。只有这样,"道在伦常日用之中"才不是道德的律令、超越的上帝、疏离的精神、不动的理式,而是人际的温暖、欢乐的春天。它才可能既是精神又为物质,是存在又是意识,是真正的生活、生命和人生。品味、珍惜、回首这些偶然,凄怆地欢度生的荒谬,珍重自己的情感生存,人就可以"知命";人就不是机器,不是动物;"无"在这里便生成为"有"。

　　1991年春写定,1994年春改毕,虽不满意而无可如何,只好以后再改再写了。加上《人类起源提纲》和四个主体性提纲,这算是"提纲之六"。六个提纲以及"答问录"等等,讲来讲去,仍是那些基本观念,像一个同心圈在继续扩展而已。

(原载香港《明报月刊》1994年第7—10期)

双本体论（2001、2004）

工艺本体与所谓"经济决定论"

从思想史看，自 Kant 把（人类的）理性－精神提到最高地位和最后主宰后，引起了强力反弹，开始把现代性推向后现代。继 Kant、Hegel 之后，各种不同的思潮、学派都在走向现实的、具体的人的生活。Karl Marx 是一支，它走向感性的物质生产。John Dewey 是一支，它走向感性具体的日常经验。Freud 走向性欲和无意识。Nietzsche、Heidegger 是一支，它或以富于生物性生命的超人，或以存在的当下把握，走向感性的人生。Husserl 晚年的"生活世界"也如此。总之，都可以说是回到 Kant 认为不可知的"物自体"又再向前。"物自体"不再采取 Fichte、Hegel 的纯灵方向，而共同采取了现实生活的感性人生方向。这也正是由理性、逻辑普遍性的现代走向感性、人生偶然性的后现代之路。如果以"宏大叙事"来说的话，这可说是同一脉搏，不同音响；同一趋向，不同分支。现实人生（即日常生活、食衣住行，亦即人与内外自然的历史结构及前景）并非幻象，也非戏拟(simulation)。它不是文本，不是语言。它不是语言所能解构（一切归于能指），相反，它才是真正的"最终所指"。

这也才是真正的Being和becoming，是历史本体论所认定的"本体"。这"本体"依靠"度"而生成成长，它是感性的、动态的和历史的。

Being还能是别的什么吗？是上帝吗？Being与being不可分，离开诸beings，也就无Being可言，从而它不可能是超验的、另一个世界的。而being却又总是being in the world, being with others（活在世上，与他人同在），因之，所谓存在者的"本真的"存在与其"非本真的"存在总常在一起，难以分割。这里的"度"的关键恰好在于：只能重视二者（Being和being）的不同，不能强调二者的分割。那么，禅宗讲"担水砍柴，莫非妙道"，中国儒学讲"不即不离"便高于Heidegger？又不然。禅宗归宿于神秘体验、私人语言（包括敲打、公案、顿悟），Heidegger没有。中国儒学停留在原始含混中使个体淹埋，Heidegger没有。

本来，本体论(ontology)一词搬用于中国，未必恰当。它的"存在论"、"是论"不同译名便显出这一点。因为它们探究的是一切实在万物的最终本质、本性或"最终实在"(The Being of beings)，或如Quine所说，"本体论"就是问："what is there？"

（有什么？）从而出现了各种设定：上帝、理性、绝对精神、物质世界，等等。它有深远玄奥的神学背景和缘由。而在中国"不即不离"，即现象与本体既不等同又不分离的巫史传统中，从根本上便很难提出这个"最终实在"的"本体"问题。其极端者如郭象干脆认为"物偶自生"，并无共同本质或最终实在。其实，上述从生活出发的 Marx、Dewey 等人也反对这种"最终实在"的"本体论"。

因之，我所谓的"历史本体论"，便只是为了强调以人与自然（外在自然与内在自然）的历史总体行程，来作为一切现象包括"我活着"这一体己现象的最后实在。它丝毫不意味脱离开每个"我活着"。如果离开每个"我活着"，又还有什么人类学历史"本体"之可言。所以，所谓"历史本体"或"人类学历史本体"并不是某种抽象物体，不是理式、观念、绝对精神、意识形态等等，它只是每个活生生的人（个体）的日常生活本身。但这活生生的个体的人总是出生、生活、生存在一定时空条件的群体之中，总是"活在世上"，"与他人同在"。由此涉及了"唯物史观"的理论。

所谓"经济决定论"是"唯物史观"最为人诟病和最遭误解误说至今依然被认为的主要罪状。其实，可以首先看看够格的唯物史观论者如何说的。Marx 和 Engels 说："……为了生活，首先就需要衣、食、住以及其他东西，因此第一个历史活动就是生产满足这些需要的资料，即生产物质生活本身。……即一切历史的基本条件。"[1] Engels 说，"根据唯物史观，历

---

[1] Marx、Engels：《费尔巴哈》，《马克思恩格斯选集》，第1卷，北京：人民出版社，1972年，第32页。

史过程中的决定性因素**归根到底**是现实生活的生产和再生产。无论 Marx 或我都从来没有肯定过比这更多的东西。如果有人在这里加以歪曲,说经济因素是**唯一**决定性的因素,那么他就是把这个命题变成毫无内容的、抽象的、荒诞无稽的空话"[1]。Edward Bernstein 说,"Marx 的功绩首先在于他作为社会发展的理论家,追溯到人类劳动手段的历史,把社会发展还原为生产工具——这一'人类器官的延长'的发展"[2]。何谓"生产物质生活本身"? 何谓"现实生活的生产和再生产"? 不就是人们的食衣住行吗? 也就是我讲的"吃饭哲学"。何谓"人类器官的延长"? 不就是生产工具吗? 也就是我讲的"使用—制造工具的实践活动"。人民大众的食衣住行和它们的基础——使用—制造工具的活动,这就是"生产物质生活本身"、"现实生活的生产和再生产"。它们作为历史本体论的主题,具有绝对性质。"长期的饥饿使我知道,食物对于人多么的重要。什么光荣、事业心、理想、爱情,都是吃饱肚子之后才有的事情"。[3] 当然对个人来说,可以有例外。有绝粒自杀的英雄,有饥寒不移的壮士,有投井守贞的巾帼,有将"光荣、事业心、理想、爱情"看得(也履行得)比自己的吃饭要高得多的个人品德、节操、气概、境界。但是,这远不可能有人类普遍性。将生命意义置于毁灭生命,只对数量有限的个体具有作用。对人类总体或整体(甚至对民族、阶级等群体

---

[1] Engels,《恩格斯致约·布洛赫》,《马克思恩格斯选集》,第 4 卷,北京:人民出版社,1972 年,第 477 页。黑体字原有。

[2] E.Bernstein:《社会民主党内的修正主义》,§2。

[3] 莫言语,见《明报月刊》2000 年 5 月号,第 47 页。

结构而言也如此,当然也有例外的集体自杀等等),它将构成悖论。因为生命意义可以超乎个体生命,但不可能超乎人类总体。它甚至不可能在一定时空的人类群体生命之外。生命意义在于消灭生命,作为普遍性的伦理命题,对族类来说是矛盾的。可见,即使说**"双本体"**(两个所谓最终"实在")**又仍有先后**,即"吃饭"在先,"精神"在后;自然在先,人类在后也。之所以说"双",为突出后者之相对独立性也。如此而已。

食衣住行、物质生产对人类生存-存在本具有绝对性,但今天许多学人却轻视、忽视、蔑视这个基本史实。尼人(人类学家因其使用—制造工具承认其为"人")死灭,多少已高度发展了的古文明如埃及、巴比伦、玛雅、印加都不再存在,说明"生"——人类的物质生存、生活、生命及其延续很不容易,人们的吃饭(食衣住行性健寿娱)很不容易。从这个角度来阐释孔老夫子的"未知生,焉知死",阐明中国传统的"生生之谓易"、"天地之大德曰生",我以为将更为合理而准确。

在同样引述唯物史观各派中,我特别强调使用—制造工具的活动。从而也大有"科技决定论"倾向,认为使用—制造生产工具即从原始时代起科技行为是维持、延续人类生存发展的根本基础及动力,在社会存在中占有本体位置,这也是我提出"工艺本体"的缘由。但这种"科技决定论"只是从哲学角度,就人类总体的历史而言,它既非机械公式,也非时时处处。例如,印加没有金属工具,中国铁器普及甚晚,但都创造了高度文明,并不亚于生产工具更为先进的地域或时代。在每一文明之具体发生、发展过程中，生产工具以及科技在生产方式的结构中，和生产方式在整个社会结构中，到底处于什么地位、能起多大作用和占多大地位，需要历史学做实证的具体探究。这就是我一贯讲的哲学观点及角度不同于具体科学、具体学科的实证研究之所在。例如，究竟是先进的现代工业生产力还是海外市场使当时英国资本主义得到了大发展，这便不能简单套用科技—生产工具决定论而必须加以具体研究才能说明。这类的事例很多。既然不能简单地用生产工具—科技来直接、单向度地解说经济形态及其发展，当然更不能直接用它来解说政治和文化。同一石器时代、青铜时代、机械时代，可以有多种并不相同的生产力、生产关系、经济制度以及更为五花八门的政治制度、文化体系、思想意识形态。同等水平的生产工具、生产力可以产生奴隶制，也可以不产生，如此等等。因之，这里所谓"决定论"，只是就人类总体生存发展的存在本体，亦即从千百年的历史鸟瞰角度而言，它只是哲学**提示**，并非某种可以直接搬用的公式和教条。

其次，在具体历史行程中，它常常只是社会变更的必要条件而远非充分条件。所以，我有时说不是"经济决定论"，而可说是"经济前提论"。譬如说，文化思想、意识形态常以一定社会经济生活为产生前提。原始社会不可能有现代个人自由观念，中国封建社会也不会出现存在主义的苦恼。所以，Engels 才说只是"归根到底"。"历史过程中决定因素"，"归根到底"，是人们的物质生活、食衣住行。而物质生活、食衣住行中决定因素,"归根到底",是生产力和科技,亦即使用—制造工具的人类劳动活动(实践)。这就是"历史本体论"承继唯物史观或"经济决定论"的方面。科技工艺对日常生活、人们食衣住行及延长寿命的地位、作用、价值,今天比任何时期都更清楚。而二十一世纪的科技工艺—生产力,我以为,将把整个人类,从生活而特别是心理,提到一个更为崭新的水平。不能以科技所带来的负面作用和危险因素来否认这一基本事实和前景展望。

有意思的现象是,恰恰是科技—生产力—经济越来越大规模地决定、控制甚至主宰人们日常生活以及政治、文化等等,而且几乎一切均已商品化的今天,反经济决定论却成为最时髦的人文学院的语言。上述唯物史观在当代中国时髦学人中,更几乎是不值一谈的"陈旧"、"过时"观念,大肆吹捧鼓噪的是当代西方的文化批判理论、后现代理论。但有如一本介绍后现代的著作说得好:"我们已看到,后现代理论家没有对经济,对资本主义的当代发展提供适当的分析,许多人完全避开政治经济学……也没有对经济、国家和其他社会领域及过程的关系的实际性分析。"[1] 与 Marx、Engels、第二国际不同,自第三国际、左派马克思主义(自 C.Lukacs、A. Gramsci 到 Frankfurt School)以及今天的"批判理论"和各种文化左派,都很少对当代资本主义的经济,包括现代科技在经济中的意义、位置、作用做真正仔细的、

---

[1] Steven Best & Douglas Kellner, *Postmodern Theory*, p. 260, N.Y., 1991.

系统的研究，反"宏大叙事"（grand narrative）、反普遍规律（反对科技—生产力—经济发展的普遍规律性）倒风行一时。它们在文化、思想领域内"破资"、"灭资"。这种"否定辩证论"，我曾称之为今日资本主义的解毒剂和装饰品。资本社会把它放在学院院墙之内，以示众声喧哗、自由民主，而并不严重影响或真正触动资本主义的经济基础。它们也没有认真去研究这个基础。

下面是三个经常质疑或反对"经济（科技）决定论"的问题。

第一个是老问题。即所谓"欲望论"，认为工具、科技之所以发现、发明、发展是由于人有生存欲望的缘故，因此欲望才是根本的、"第一性的"推动力量。有人引证现代资本主义的工具改进、科技发展是资本家为了获取更大利润的欲望所导致，如机械化、福特生产线等等。这其实是唯物史观提出时便遇到的反对和质疑。这种反对的错误在于抽象地谈论欲望。欲望是包括人类在内的动物族类共同具有的生存本能。它是主观性的要求、愿望，即主观意向。但如何能实现欲望，却取决于客观时、空、条件、环境，特别是取决于所使用—制造的工具。与动物界不同，人之满足生存（吃饭）或其他欲望总与其满足时的手段，如获取食物的工具密不可分。Marx说过的名言："饥饿总是饥饿，但是用刀叉吃熟肉来解除的饥饿不同于用手、指甲和牙齿啃生肉来解除的饥饿。因此，不仅消费的对象，而且消费的方式，不仅客体方面，而且主体方面，都是生产所生产的。所以，生产创造消费者。"[1] 其中就包括创造消费者的各种欲望。只有在主客体统一（或不分）即实现中的欲望，才是对生存具有意义的欲望。你是欲望面包、米饭、玉米面、宴席抑或任何一种食物，这种种主观欲望的产生和满足都取决于特定客观条件。原始人不会欲望巧克力，现代人一般也不会欲望茹毛饮血。欲望是要求实现的欲望，而真要实现，就取决于当时的客观条件和可能。脱离能实现的欲望只是白日梦似的无目的的宣泄，它不需要社会生产环境和生产水平，但那对人类现实生存并无直接意义。人类恰恰是通过不断创造和改进生产工具，改变生产环境和生产水平（从狩猎、采集到农耕到工业）来实现人的生存欲望。主观欲望必须被客观化才能实现，实现需要依靠各种客观条件，其中生产工具便占了非常核心的位置。Lenin 曾引 Hegel 说工具（中介）高于目的[2]，意义就在这里。所以，不是抽象的欲望，而是具体实现欲望的生产——生活活动，才是人的生存即"人活着"的第一推动力。

第二个是反对"经济基础""决定""上层建筑"，这也是老质疑。

"基础"与"上层建筑"这两个语词都是语言中的形象转喻。因之，所谓"决定"，从 Marx、Engels 起到鄙人止，都一直强调它的相对性质。可以引用 Engels 的原话："整个伟大的发展过程是在相互作用的形式中进行的（虽然相互作用的力量很不均衡：其中经济运动是更有力得多的、最原

---

[1] Marx：《〈政治经济学批判〉导言（摘自 1857—1858 年经济学手稿）》，《马克思恩格斯选集》，第 2 卷，北京：人民出版社，1972 年，第 95 页。

[2] Lenin：《哲学笔记》，北京：人民出版社，1956 年，第 174—175 页。

始的、最有决定性的），这里没有任何绝对的东西，一切都是相对的。""政治、法律、哲学、宗教、文学、艺术等的发展是以经济发展为基础的。但是，它们又都互相影响并对经济基础发生影响。并不是只有经济状况才是原因，才是积极的，而其余一切都不过是消极的结果"[1]。这也就是说，经济与其他因素（政治、文化、宗教等）处在一个因时、空、条件不同而不同的具体结构中，经济并不直接决定一切，即使"决定"，也常常需要经过或依赖这个结构中的各种政治、宗教、文化等的因素相配合或作为中介。G.V.Plekhanov曾提出"五阶层"理论[2]。二十世纪五十年代我提过"上层建筑相对独立性的强度"，即认为社会上层建筑和意识形态（从政治制度到思想学说）独立于经济的性质、水平、情况，随不同时期和民族、文化、宗教传统而各有强弱的不同。这些都表明所谓"经济"（生产力、生产工具、生产关系、生产方式）"决定"政治、文化（文学艺术、思想观念、意识形态……），是非常曲折和复杂的，有时曲折复杂到根本看不出有什么"决定"；"决定"的是其他因素，如宗教决定了文艺（如儒家对中国文艺的控制），政治决定了经济（如毛时代），等等。因之，这个"经济决定论"仍然只是在"归根到底"即比较长久的历史行程中的作用。例如毛时代尽管政治"决定"了经济，毕竟只是较短时期（几十年），迟早仍然被经济力量所纠正：邓的改革开放政策一出笼便势不可当，它一扫

---

[1] Engels：《恩格斯致符·博尔吉乌斯》，《马克思恩格斯选集》，第4卷，北京：人民出版社，1972年，第506页。

[2] 见Plekhanov《马克思主义的基本问题》等论著。

中国社会数千年传统遗留的和数十年革命遗留的许多观念和思想。可见，政治体制、文化思想等等可以有独立性，并不直接取决于经济或经济的发展；同一经济水平可以有完全不同的政治体制和文化思想。但政治、文化虽可以独立，迟早又必须适应经济体制的发展，例如专制政体迟早会被民主政体所取代，人身不自由的身份制（如毛时代的农民无粮票）迟早变到自由雇工制，如此等等。这又是"归根到底"由经济所决定的。为什么"归根到底"经济会决定一切？因为经济与人的吃饭（食衣住行）直接相关。人活着就要吃饭，就要求吃饱甚至吃好，即整个生活的不断改善。人的吃饭（食衣住行）毕竟是社会生存的存在本体。它是最后的实在，必然的力量，普遍的规律，它的状态、情境和发展在最终意义上决定（制约、影响、主宰）了人的各个方面。正是由于人民大众"吃饭"问题越来越突出，"上层建筑"的相对独立性的强度越来越削弱。越来越成为世界历史的自觉主题（不再是帝王将相少数上层阶级的"吃饭"），经济对政治、文化各个方面和领域的"决定"性作用在今天也越来越直接、越明显，而这，却反讽式地恰恰发生在学院院墙内大反经济决定论的时刻[1]。

第三，当前最有势力最有名气对"经济决定论"的反对，来自对科技、对启蒙、对工具理性的"后现代"批判。

由于科技-工业带来的生态破坏、环境污染、地球升温，另方面由于现

---

[1] 但这也正是经济史、日常生活史如法国年鉴学派，比政治史（以前历史学的主角或主要部分）更"时髦"的背景原因。

代生产-科技所要求的理性秩序使人们生活以及身心的异化和被控制,反启蒙、反理性、反社会化的权力／知识,成了当前强势的学院显赫话语。特别是当全球一体化,以跨国公司为代表符号的资本主义经济扩展,挟着科技的威力,正加速度地突破各种地域、种族、宗教、文化的限制,狂潮似的席卷全球的时候。所谓反"经济决定论"似乎更成为某种具有道德公正的伦理命题。

Marx 和 Engels 一百五十年前便已说过:"资产阶级,由于开拓了世界市场,使一切国家的生产和消费都成为世界性的产品,不仅供本国消费,而且同时供世界各地消费。旧的、靠本国产品来满足的需要,被新的、要靠极其遥远的国家和地带的产品来满足的需要所代替了。过去那种地方的和民族的自给自足和闭关自守状态,被各民族的各方面的互相往来和各方面的互相依赖所代替了。物质的生产是如此,精神的生产也是如此。各民族的精神产品成了公共的财产。民族的片面性和局限性日益成为不可能,于是由许多种民族的地方的文献形成了一种世界的文献。"[1] 这一切不是在今天(而并非在 Marx 的时代)更为活灵活现,并在越来越强劲地演出吗?资本社会在全球的扩展,到第二次世界大战后才真正以上述的姿态充分展开。冷战结束使这个加速度更迈上新的"台阶",终于达到今日开始的"全球一体化"的趋势。以美国为龙头,不仅金融资本、工业资本,而且从麦当劳、可口可乐到好莱坞、迪斯尼的物质消费和精神消费正在全

---

[1] 见《共产党宣言》第1章。这几段描绘"资产者"的部分,大概是该书中唯一精彩颇具预见性的章节。

球推销。其间,科技的空前发展和飞跃无疑是具有根本性的动力意义。人从使用—制造原始石器工具开始,到今天使用—制造电脑网络和明天克隆人的器官以至身体,它日益改变着整个社会的政治、文化、宗教各个方面,这是非常明显的事实。由现代科技带动的生产力以至生产关系、生产方式亦即经济的发展变化,由于与地球上几十亿人的"吃饭"(改善、提高生活水平、生活质量)相关[1],是很难予以阻抗或逆转的。尽管有人强调全球化是指文化和政治,但谁都清楚WTO首先是经济。所以还是Marx说得对,用感伤和道德来阻挡资本主义经济,是无济于事的。

"新历史主义"是这种后现代反经济决定论的标本之一。因为它干脆甩开承认有最终所指的实在,将历史归结为文本。文本当然取决于叙述者、解说者的自觉或不自觉的意图、理解、认识、偏见(从一般的误会、误解到严重的意识形态的扭曲),所有这些又都在特定的时代—社会的权力/话语的支配、影响之下。历史始终是被人写下来的历史。而人是在权力/知识支配之下进行活动的。这里当然就没有所谓"客观"经济法则之类的问题。也没有什么客观所指的历史,一切均人为地编造,何必再讲什么使用—制造工具等等行程,当然也就没有什么"经济决定论"的任何位置。

一位以凶残著称的现代大人物说过,历史是由胜利者书写的(大意)。一

---

[1] 至于今天人的"吃饭(改善、提高生活水平、生活质量)"是完全由经济甚或市场引导,还是政治、文化、宗教、传统要起一定(当然"要起",但多少?如何?)作用,这是另一专门问题。

度被捧为"圣书"的《联共(布)党史简明教程》是一本实实在在的"说谎大全"。其实,中国古代帝王也有过类似做法。"圣明天子"从李世民到乾隆都做过删削篡改史实的事情。文本是由人写定的,甚至包括各种"实物"、遗迹,也都由后人在不同地解说着。任何历史只是当代史,都是被"当代"的权力话语所驱使。有的自觉、明显(如上述帝王、史臣),有的不自觉、不明显(如现代某些"史学家"、新闻报道者等等)。新历史主义突出而极端推演的这一观念,在戳穿理性主义历史观所宣扬的"价值中立"、"客观真理"、"科学研究"的虚伪方面,大有裨益。它指出历史究竟有否"真相",大可质疑。它强调历史即文学,是在各种权力支配下的想象或虚构。这有其一定道理。

但新历史主义由此而完全否认任何"真相",否认能指有任何所指,一切不过文本游戏,所谓历史不过是不同文本之间的竞争和选择,这当然也就完全否认有所谓"经济决定"之类,我以为是谬误的。

因为人们的食衣住行、日常生活并非虚构,也非文本。历史的主要部分本就应是这些食衣住行、日常生活的记录和记述。之所以记录和载述,是为了保存经验,巩固群体,传授后人,"归根到底",还是为了食衣住行。因之,由考古发现的远古石器、农业陶罐、殷周青铜、希腊遗雕……尽管可以被人们作不同的文本解释,但毕竟不可能被文本所全部吞没,即使想象与虚构,毕竟难以任意飞翔。相反,各种文本总是围绕着特定的历史实物进行(无论是"科学的"、审美的、道德的、意识形态的等等）描述和解说。Auschwitz 集中营的大量头发、鞋子、假牙，毕竟不是否认纳粹大屠杀的文本所能推翻。二里头或良渚遗址亦非否认夏代的外国史学文本所能抹杀。其他的历史文件、记录、叙说，在不同程度上具有上述实物同样的地位和意义。它们恰好证明：历史非即文本，"能指"仍然不能全部取代"所指"，仍有"所指"存在。只要人类存在，人们的食衣住行、日常生活存在，历史最可靠的依据，仍然是这些生产-生活工具所标志出来的人们经济生活的遗物。其上的政治体制、文化特征、宗教信仰，文本的编造性和虚幻性的比重，显然要沉重得多。所以，新历史主义如同后现代其他"主义"一样，最喜欢在文化和政治文本上做文章。关于经济——亦即人民群众日常生活的食衣住行的历史，却总是轻描淡写，或视而不见，一笔带过。其实这恰恰是带不过去的，因为"经济"是"基础"，既然是人类生存生活的基础，当然也就是历史的基础。

与此相关联的是"历史规律性"问题。新历史主义以及现代其他好些别的思潮、学派都坚决否认历史有所谓"规律"，从而否认历史有所谓"必然"。他们说，历史即使并非文本，但毕竟是由人创造，因此不可能存在所谓"不以人的意志为转移"的客观规律或必然。这是今日中外历史学的主流或强音，当然也是针对 Hegel – Marx 的历史必然性（规律性）等观念而发。

有没有"客观的历史规律性"或"历史必然性"呢？有没有

所谓"不以人的意志为转移"的客观历史趋向在呢?

首先,似乎需要分析"不以人的意志为转移"这词句的含义。它到底是什么意思?"人"指什么?个体?某种集体(家庭、氏族、集团、党派、阶级、民族)或人类?"意志"又指什么?主观非自觉的意愿、欲望还是自觉的或明确的目的、命令?"不以……为转移"又是什么意思?指"依存"、"因果"?还是别的什么?这些词义的析分和厘定,得由分析哲学家来仔细推敲,非本文所能胜任。我所理解的(也是比较笼统含混的)意思大概是:"历史规律性"问题是指有没有不依照人(包括个体和某些群体)的主观意愿、欲求、计划却一定会发生的事件、现象或趋向。这当然只就宏观言,所谓"宏观",是指至少以千百年为单位做计算的人类的时间过程。

我以为是有的。这首先就是生产工具和经济的发展。

从考古学看,全世界各地区所不断发现的原始石器、陶罐,以及随后的各种宗庙建筑等等,似乎证明尽管有时、空和各种条件、环境的巨大差异,而且彼此又并无影响,却的确有某种客观普遍性的"一定要发生"的事情,即上述遗物所表示的各人类群体的几乎同步的生活状态。这就是我所谓的历史规律性或必然性。为什么会这样?我以为这正是因为它围绕着"人要吃饭"即"人活着"这一基本主题而展开的。人作为生物族类要求"活"(吃饭),人作为超生物族类以使用—制造工具为特征来维持其"活"(吃饭)。因之,为吃饱、吃好即为食衣住行而奋斗不息的人们的日常生活进程便成了人类历史的基本内容。从而，食衣住行的维持和改善，亦即 Marx、Engels 所讲"现实生活的生产和再生产"，便具有客观普遍的规律性质。上述考古资料，是实物的证明。当然在漫长的人类历史中，如前所说，不排除也有某个群体特别是某些个人为某种目的、信仰、理想、主张而不吃不喝，牺牲生命，即选择不活，但就人类总体而言，这毕竟是例外。规律总有例外，但并无损它的"普遍必然"，因为所谓普遍必然性也不过是客观社会性。而人类至今存在本身便是这一规律的证明。

由此看来，正由于"人活着"、"人要吃饭"，为了维持和改善人们生存、生活、生命的物质生产，人类由石器、青铜器、铁器、机器、电脑的进程便有其客观普遍性的历史必然规律。尽管各种科技的发现发明、各种经济体制包括资本主义出现等等，有其极大的偶然性，并不一定在某时某地必然发生。但人要吃饭、要求维持和改善食衣住行即人类的生活、生存的总趋势，却仍然是这些发现发明（从科技到体制）必然会出现的根本原因。尽管可以有形式的不同，也可以有文明的停滞和倒退，甚至可以有整个文明的消亡、死灭等等。但只要人类还存在，就总体而不就局部或某些群体言，这种经济进展就必然会发生，尽管可以推迟千百年以上。即使有许多"尽管"，却仍然将迟早为"人活着"、"人要吃饭"（要生存和改善日常生活）的铁则冲破，这也就是所谓"经济决定论"和"历史规律性（必然性）"的主要意思。"人活着"、"人要吃饭"是这个"经济决定论"和历史规律性的根本基础。由于与人民大众的食衣住行、日常生活直接相连,今天以科技为动力的社会进程和市场经济正不以人(个体或某些群体)的意志为转移,在不可阻挡地前行。即使许多人抱怨今天的物质文明,非难现代文明所带来的种种祸害和灾难,但真正愿意回到茹毛饮血的时代,甚或回到夏无空调冬无暖气的数十年前去的人,毕竟不多。这就是我所理解的"历史规律"或"必然性",亦即"经济决定论"。

由于经济发展、生活改变所带来的人们社会关系的改变,从Marx所讲的"生产关系和交换关系",到与政治制度有关的人际关系的变化,等等,也就具有一定的必然(规律)性。但是由于与"吃饭"、"活"的关系、联系远了许多,间接了许多,这种所谓规律性、必然性不仅形态、样式远为复杂多样,而且,其所谓"必然"、"规律"也就远不及经济领域、生产工具领域内那么明显、确定,即"必然性"显示得并不必然。例如,随着工业革命所带来的资本主义的市场经济,生产-社会关系由人身依附的身份制改变到雇佣劳动的"自由人",这几乎是普遍的世界性现象(规律、必然)。但它所采取的具体形态、样式在各地区、各民族、各国家便几乎完全不同:或急剧解放奴隶,或逐渐改革旧规,或由公社成员进城打工,等等。因之何种样式、形态、方法、步骤,其时间迟早、空间大小便五花八门,并不一致,完全由各种具体的主客观条件所规定和制约。这里并无"必然"、"规律"可说。但全世界这个同一进程却仍然显示有由于经济"基础"的变化,"必然"会带来这一变化的普遍性的"客观规律"在。而所有这些"规律"、"必然"不仅不推翻，反而证实着"人主动创造历史"；因为人活着，要吃饭，便有这种主动性，并且由非自觉到自觉。

人主动创造历史，不仅在物质生产的经济生活中，而且更在其他方面。比起前者，后者具有更大的自由度，这正是为什么帝王将相和政治史、文化史在传统史学中占据显赫地位的缘故。善于抓住时会、机缘，看准当时当地的人们生存生活需要而进行改革，从军国大事到小小发明，从起义革命到创制某种作品感染人们传诵不绝，从英雄圣贤到诗人墨客，都可以大显身手而记入史册，或流芳百世，或遗臭万年。这不就是被书写着的历史吗？当然，在这方面，文本的自由度便很大，"新历史主义"讲的那一套便有其合理处和真实处。因为在这些领域，各种偶发性、偶然性占据统治地位，解释的自由度随之而极为增大。各种记述常常是半真实半想象，后者大于前者。

就历史有其真实性一面而言，这里的根本问题，如我二十年前提出的，是偶然与必然的关系问题（见拙作《中国近代思想史论》后记）。即任何历史事件、现象、人物，其主动创造历史的成就和失误，到底有多大程度、多大比例是必然，即制约于时、空、环境、条件而会出现；多少是偶然，即由于个人主观的思想、品格、信仰、意志、情感等原因，是一个非常重要而复杂的问题，值得仔细研究。我常说，没有毛泽东（他的思想和个性）便没有"文革"，"文革"非常"偶然"，并无必然性；但"文革"之所以能够发动，而且如此轰轰烈烈，又并非仅有毛的思想和个性便能做到，又仍有其历史的、社会的、心理的某些"必然"因素。这些"因素"是什么？它如何产生？如何展现？以及它们今天仍否存在？它们作为"文革"事件的"必然"因素在当时和今后是怎样的、会如何？是否可以有不同的引导方向？等等，便是应通过"必然与偶然"这一历史课题进行探讨以获取经验和认识的问题，而不是以"必然通过偶然出现"之类的公式来论证它的"合理性"、"必然性"。我所讲过的辛亥革命也如此。这既不是"一切均必然"，也不是"一切均偶然"，更不是"偶然是必然的呈现"所能处理。人一方面主动创造历史，同时又被历史所规定、制约。即使在最自由的文化领域，Shakespeare不可能出现在原始社会，如同今天也不可能再有屈原、杜甫一样。英雄豪杰圣贤人物是应该承认的，但不可能完全是英雄造时势。A.Einstein的飞跃，充满了偶然性，但也不是没有前人的"必然"准备。秦始皇的统一中国有其成熟了的"必然"势态，但其个人的偶然作用却仍然极其重要。因之，不能把历史事件，也包括前述食衣住行等日常生活领域内的所有事件，都一律解说成"必然规律"、"不可避免"。恰恰相反，必然（规律性）与偶然（创造性）是什么关系，在结构中各占何种位置，才是问题的真正所在。因为所谓"必然"与"偶然"在各种事件中的比例、成分、结构是并不相同甚至大不相同的。这才是历史研究的主题和核心。所有这些，便都包含在这个所谓"经济决定论"即我所理解的唯物史观范围之内。这似乎是乏味的老生常谈，却依然是重要的基本知识，是了解和研究人类工艺本体的重要部分。

(摘自《历史本体论》)

心理成本体

关于时间性与心理本体。St. Augustine 曾说，不问我，时间是什么似乎还清楚；一问，反而不清楚了（大意）。

Heidegger 写了巨著《存在与时间》，但似乎也没有使人对时间更清楚了多少。

朱自清的散文《匆匆》里如此描写时间：

> ……我的日子滴在时间的流里，没有声音，也没有影子……洗手的时候，日子从水盆里过去；吃饭的时候，日子从饭碗里过去；默默时，便从凝然的双眼前过去。我觉察他去的匆匆了……在逃去如飞的日子里……只有匆匆罢了……又剩些什么呢？

这只能使人感慨，仍然不知道时间是什么。时间问题始终是那么困扰着哲人、诗家，好像谁也讲不清、道不明。一般问人，人们看看挂在墙上的钟、戴在手上的表。这就是"时间"。"时间"是被人用来作为规范生存、活动的公共标尺，以维持秩序，按时作息,充满了"客观社会性",如《批判》第三章所说。

那么,时间便如此而已?

又不然。由于时间作为单一向度,与人的"是"、与人的生存直接相连。人意识到自己的青春、存在不再复现,由知晓那无可避免的死亡而意识当下,从而感受到"时间"。这"时间"好像混"过去"、"现在"、"未来"于一体。它不再是那墙上的钟、手上的表,那某年某月某日某时的客观标尺,而是我的存在自身。"在物中,我们哪儿也找不着存在","存在并不在时间中,但存在通过时间,通过时间性的东西而被规定为在场、当前","此在是时间性的,没有此在,就没有时间"。但是,也正由于对自己"此在"的珍视,知觉自己存在的"有限",和追求超越此有限存在,便与"时间"处在尖锐矛盾以至斗争中,总想停住或挽回"时间"。"时间"在这里似乎成了希望自己不断延伸或缩短的情感意向。

客观公共的时间作为公共假定,是人们活动、存在的工具;主观心理的时间作为情感"绵延",与个体有限存在血肉相连;从而既时有不同,也人有不同。有人悲金悼玉,叹惜哀伤;有人强颜欢笑,置之不顾;有人寻寻觅觅,无所适从。人在时间面前,可以丑态毕露。也由之而不断生产着各种宗教和各种艺术,以停住"时间"。

时间逼出了信仰问题。要不要信从一个超越时间的"神"?人是动物,生无目的,要超越这生物的有限和时间,便似乎需要一个目的。"神"当然是这种最好的目的，可供人存放生的意义。这"神"可以是另个世界的上帝，也可以是这个世界的某种永恒理想。或者，它也可以是某种个体心境或"境界"？总之，要求"时间"从这里消失，有限成为无限。这无限，这消失，可以是不断的追求过程，也可以是当下即得"瞬刻永恒"？

信一个全知全能、与人迥然异质，从而也超越时间的神（上帝）？它超乎经验，也非理性所能抵达。理知止处，信仰产生；"正因为荒谬，我才相信"。这个彻底超有限、超时间，当然也超人类总体的"真神"，由它主宰一切，当然从根本上否定了"人类中心"。也就可以扔掉、摆脱、超越人世中由主客观时间带来的种种烦恼，无此无彼，非善非恶。这里不仅舍去肉体，甚至舍弃情感－灵魂。人的情感－灵魂在此世上已沾满尘垢，早被人化，舍去才能与神认同，才能摒去那由于与肉体相连而带来的客观时间的此际生存和主观时间的情感焦灼。不仅万种尘缘，七情六欲，而且包括"得救"、"救赎"之类，也属"凡心"、"俗虑"，最多只是皈依于神的拐杖，并非皈依于神的本身。

从而，宗教区分出许多层次和种类，从各种类型、性能的人格神崇拜到仅有某种主观体认的"终极关怀"，以及由正统宗教衰落而反弹出的各种"邪教"。它说明面向死亡而生存，亦即面向那不可说而又偏偏实在的"时间"，人追求依托，想做成对自己有限性的超越。而其力度可以如此之强大，以致 Nietzsche 一声"上帝死了"的狂喊，便使整个西方世界惊骇至今。上帝死了，人自为神。但自我膜拜到头来可以走向个体膨胀的反面，引出法西斯和整个社会机器的异化极端。从这一角度说，这也仍然是人生有限的时间性问题带来无归宿的恐惧感而导致的深渊。

正是 Heidegger 给了这么一个深渊。Heidegger 的 Being 异常繁杂难解，众说纷纭。我以为有两点至为重要：第一，由于与时间有关，Heidegger 的 Being 并非纯精神性的，它具有强大的现实物质性能和动态样状。第二，它总是那样的不确定，终 Heidegger 一生，并未对 Being 作出明确的阐释。在我看来，它成了上帝神秘性和生物生命性某种独特的结合，也是基督教和 Nietzsche 的奇异统一。我以为这是关键所在。Being 通由 Dasein 而敞开、现出，Dasein 是意识到那死的无定的必然而"烦"、"畏"。除去了一切"非本真"、"非本己"（即世俗的，亦即 being-in-the-world，活在世上）之后，"本真本己"与上帝的会面，便构成了一个空洞深渊[1]。因为"烦"、"畏"，而追求对自己有限性（时间）的超越，"最本己的存在"只属于自己而无关乎他人或共在，它实际乃是一种虚无。由于 Heidegger 的 Being 所具有的神秘物质（现实）性，使对人生意义做这种"本真本己"即除去与他人共在的绝对自我的追求，实际是将这一高蹈的精神性注入原始物质冲力中。由于空洞总要被填补，又否定存在与伦理学相关，于是"先行到死之中去"、"先行到无有关联的可能性中去"的 Dasein，可以使人

---

[1] W. Kaufmann 在论 Heidegger 中引 Hegel 批评浪漫派的"空的深度"（an empty depth），我以为颇有意思。见 Walter Kaufmann, *From Shakespeare to Existentialism*, Ancher Books, N.Y., 1960, p.336。

在特定环境条件下，成为客观时间历史中某种反理性实践的一往无前的冲锋士兵，以作为面临这无底深渊的现实出路[1]。

苏东坡词云："长恨此身非我有，何时忘却营营。"人的自我被抛掷、沉沦在这个世界上，为生活而奔波忙碌，异化自身，终日营营，忘却真己。纳兰词说："驻马客临碑上字，斗鸡人拨佛前灯，劳劳尘世几时醒？"也是同一个意思。但是，如果真正从尘世"醒来"，忘却一切"营营"，舍弃所有"非本真本己"之后却仍要生存，那么，这生存又是什么呢？那只是一个空洞。尽管人间如梦，悲欢俱幻，"小舟从此逝，江海寄余生"（前引苏词），也还要生。如果连这也除去（除非死亡，这除得去吗？），即除去所有这如梦如幻似的人生，除去一切悲苦欢乐，那又还有什么？不就是那空洞的无底深渊吗？这本是人生最根本、最巨大、最不可解的痛苦所在。所以中国人早就慨叹"闲愁最苦"，醒又何为？"还睡，还睡，解道醒来无味"。而总以佛的一切虚幻，不如无生为最高明。生必带来生老病死，无可脱逃。"畏之所畏，就在在世本身"，这就是"便无风雪也摧残"。

但"最好不要生出来"却仍是生出来的人的想法。想出"最好不要生出来"的人却又不能无生，不能都去自杀；相反，总都要活下去。这样，归根结底，又仍然是不仅身体，而且心灵如何活下去的问题。"担水砍柴，莫非妙道"，禅宗懂得人活着总得打发日子，打发无聊，以填补这"闲愁最苦"的深渊。

---

[1] "血与土"（Blood and Land）终于成了纳粹和这位壮健农夫（Heidegger）的结合点。

所以不但让"本真本己"与"非本真本己"妥协并存,而且还合二为一,即不但打坐念经与担水砍柴并存,而且在担水砍柴中也便可以成佛,这就是使心魂达到"最高境界"。这"最高境界"让时间消失,存有不再,超出有限,逃脱摧残。

这回到了我以前讲的"如何活"、"为什么活"和"活得怎样"的问题(见拙作《哲学探寻录》)。

既要生存,"活下去"便并不容易,这对群体和个体都如此。各种宗教和伦理由是提出"活的意义"。佛家大乘的"普度众生",耶稣基督的救赎原罪,佛教小乘和其他学理或教派的自我完善,凡此种种,都或将美妙的未来或将大众的"幸福"作为"为什么活"的理想、目标或动力,使人区别于物,使个体的生理性生存获有超生物性的"意义"、"目的"、"价值"和"内容"。人以人生理想、生活价值等等肯定着、许诺着和装饰着人们的生命和生存,使自己的有限性和主客观时间都具有或可无限延伸的"内容"和"意义"。这也就是前面伦理学探讨过的那些问题。

"后现代"反对这一切,特别将人生本无目的这一特性充分展露出来。反对所谓理想、价值,反对人生或生活意义,强调当下即实在,快乐在此刻。流传到中国,一个极小圈子里的中国知识青年在诸如卫慧《上海宝贝》小说中现出他(她)们的"前卫"模样:

"某种意义上,我和我朋友们都是用越来越夸张、越来越失控的话语,制造追命夺魂的快感的一群纨绔子弟……是附在这座城市骨头上的蛆虫。但又万分性感、甜蜜地蠕动,城市的古怪的浪漫与真正诗意正是由我们这群人创造的。

"有人叫我们另类。有人骂我们垃圾,有人渴望走进这个圈子,从衣着、发型、谈吐与性爱方式,统统抄袭我们……"(第235页)

但这也仍然是活着,仍然是让有限性和时间所操纵的"当下"。这种"前卫"一方面在解构自我,使之成为当下的碎片,另方面连续起来又只不过是享受消费的游戏人生而已。其实,中国古代早有过"唯酒是务,焉知其余……无思无虑,其乐陶陶"(《文选·酒德颂》),以及"浮生长恨欢娱少,肯爱千金轻一笑?为君持酒劝斜阳,且向花间留晚照"(宋祁词)。那是古典牧歌时代对有限生命的觉醒悲哀,今天也许可算作后现代青年对异化世界的猛烈反抗。但是,也正因为此,正因为无法对抗那有限性和时间的威胁,而仍要活着,活着又并无目的,百无聊赖,于是也可以是这同一批讲究穿着、奢侈度日、疯狂做爱、写诗、玩艺术的"蛆虫",在同一个夜晚去激情满怀高歌慷慨地为《切·格瓦拉》(中国话剧)真诚地狂呼喝彩。由颓废到革命,由纵欲到禁欲,由享乐人生到救世济民……正是因为"闲愁最苦",人总需要点什么来打发人生,来对付他(她)这个"人活着"。于是人也就在这有着千差万别的谋生、工作、职业、行当、作为以实现自己的生存和生活中,力图取得、说明、筹划、宣扬其"意义"、"价值"和"使命",并以此获取心灵的慰安、精神的依托、人生的幸福和生命的快乐。这也就是 Heidegger 所谓世上总"是"点什么、不是什么都不"是"。失去英雄的现代散文生活,把它更为凸现出来。把有限性——时间问题更凸显出来。当然,对大多数人来说,迄今为止,生存并不容易,还需要努力奋斗;而且还有各种现实的苦难、饥饿、战争、革命。就世界说,历史远未终结,散文生活来临尚远。但是它毕竟已在开始。

一个世纪前,仅仅是现代散文世界的前景,便使 Nietzsche 自问自答了那么多极端狂妄的问题,以展示上帝死了,信仰全失后的超人自我,至今引人崇拜和模仿。其实,Nietzsche 最应提出的一问是:"我为什么会发疯"?从古典中国哲人的"德润身"、"**晬面盎背**"理论来看,Nietzsche 哲学正好是现代散文世界的失败之作:超人自我仍然没法对付这个"我活着"。自己的自觉意识不能撑持住,遑论其他。这评论似乎太粗暴太简单?否。

也是这现代散文生活使 Heidegger 前瞻式地托出了上述无底深渊。"烦"、"畏"确乎不只是经验的心理,不只是自觉的意识,它就是那非常实在的现代人当下感性生存的状态本身。所以,它具有"本体"性质。此人生"情"况即是本体。"心理成本体",我以为这是 Heidegger 哲学的主要贡献。"历史本体论"提出了两个本体,前一本体(工具本体)承续 Marx,后一本体(心理本体)承续 Heidegger,但都做了修正和"发展"。结合中国传统,前者得出"实用理性",后者得出"乐感文化"。两者都以历史为根本,统一于人类历史的存在(Being),是为历史本体论(historical ontology)。大概有多种读法(包括误读)来读Marx、Nietzsche、Heidegger,这是我的读法。

让我们从头再说。

"我活着",这是那个抹不掉的"绝对性"。否则我没法在"此时此地"写这些字,你(你的"我")也没法在"此时此地"读这些字。

"我活着"是什么意思?什么叫"活"?

"我"吃饭,睡觉,做爱,休息,当然,还可能有"工作"。"我活着"首先是维持我肉体生存的基本需要有满足的可能,和之所以可能的种种要求和条件。"我活着"首先是肉体存活着。那么,是否可以推论出,没有肉体存活便不能叫"活"呢?

某些宗教徒也许不同意,也许他(她)们会认为不需要肉体存活的灵魂也能够"活着",而且那才是真正的"活"。从科学讲,中国近代如康有为、谭嗣同便设想过"除去体魄,但留灵魂"的"人活着"(见《仁学》)。当代人也开玩笑似的说着:"replicate our own mind in a machine, so that we could live on without the wetware of a biological brain and body."(将我们的心复制在机器中,那我们就能甩开这个充满水分的生理的脑袋和身体而活着了。)[1] Kierkegaard 对上帝的追求和献身,使他暮年说他已"剥夺了生活里的一切快乐,变得对生

---

[1] Times, 1999, Jan. 11, p. 43. Walter Issacon, "The Biotech Century".

活抱有最大的厌恶"。但是，究竟有多少人能够这样或愿意这样对待肉体（包括肉体带来的一切世俗生活：食衣住行、做爱、工作、娱乐、休闲……），似乎也有疑问。并不是每个人都能一生做厌恶、舍弃肉体生命的圣徒，无论是基督教的圣徒或其他的圣徒。

由于知晓生存之无可逃脱，中国传统思想相反地倒是干脆肯定、赞赏、欢庆肉体的生存和人世的生活。如我曾经多次说明，中国文化以肯定生、欢庆生为基调，包括朱熹、王阳明甚至刘宗周，也并不以"人欲"（"正当的"或"合适的"、"适度的"食衣住行）为罪恶，即仍然承认和肯定肉体的"活"的必要性。没有"事"，也就不好说什么"理"。离开"活"，还有什么"为什么活"呢？其实，包括基督教在内的许多宗教，也具有这方面的教义。

但是，我肉体活着就是"我"吗？

如果可能cloning（复制）一个"我"，这个"我"肉体确实活着，但那是"我活着"吗？那个"我"的肉体与我完全一样：同样的身高体重，同样的内脏外貌，同样强度、长度的本能、欲望，但那个"我"、那个"我活着"就是我的这个"我活着"吗？

似乎并不相同。肉体存活的两个"我"，并不能把"我"等同。那么，那个不能等同的"我"又何在呢？例如我在"我意识我活着"怎么能保证他（那个复制的"我"）也在意识他的"我意识我活着"呢？"我意识我活着"不能离开我肉体的存活，但"我意识我活着"确乎又不同于我肉体活着，而且也不能保证复制的"我"会像我现在如此这般去"我意识我活着"。

于是"我意识我活着"便成为"我活着"的不可重复、不可复制之所在。我肉体的存活可以复制和重复，我如此这般地意识我活着却至今尚未能证明可复制或重复。那个复制的"我"可以去意识他那"我意识我活着"，但仍然不同于我现在如此这般地意识"我活着"。

为什么？

因为那个"我"（他）的具体的"活"——食衣住行、做爱、睡觉的具体时、空、环境、条件、机遇与我现在具体的"活"并不相同。每个"我"的"活在世上"(being-in-the-world)并不相同。那个复制的"我"比我晚生。可见，每个"我"因为有"活"的不同时、空、条件的具体性，复制的"我"不同于我的经历，各有不同的"客观的"历史。从而那个"我"有不同的"我意识我活着"。这就是说，即使硬件的"我"相同或相等，软件的"我"却仍然殊异。因之，我之不可重复在于我没法复制我的意识给予那个复制的肉体的"我"（他）。他意识他活着不能等同我意识我活着，我意识我将死去不能由他意识他将活着来代替。总之，我的意识（这不只是思想，而是包括全部感情、感觉等等在内的心理整体）不能成为他的意识。只有把我的意识整体制成软件放进他脑袋，那他才是我。那，我也就能不死——永生了。

但目前科技即使从纯粹理论上看，也尚无此可能。于是"我活着"便意识我会死去，即使那个复制的"我"仍然活着。

我死，不只是我的肉体不再活，而更要紧的是支配肉体的"我意识我活着"的这意识不再活。它会死,它不再记得它是什么。

如果我是植物人,我还活着吗?否!因为我已不意识我活着。

我在睡梦中还算活吗?在无梦的觉中,我每天都死去,在睡梦中,大概可算半活。你有过(当然有过)突然梦醒时不知你是谁、身在何处的感受吗?这正是"我意识我活着"的意识暂时消失。于是你(我)很快把它找回,以延续我活着的"我",即把我又重新放进某个具体的客观时空条件下而做出认同。

婴儿算活吗?他(她)有意识而没有自我意识,只能在客观(人类学)意义上算活着。他(她)还没有"我意识我活着",没有对自己处在特定时空条件下的认同。"我意识我活着"是在一定的"客观"时空即历史条件下培育出来的,它是一定时空下的社会(集体)产物。Marx 所说的"人将自己的生活活动本身作为自己意志和意识的对象"(《1844年经济学-哲学手稿》),也就是这个意思。与动物不同,尽管人即"我活着"确乎是个体的,但人的"我意识我活着"却充满了客观社会性质。前者不可能不是个体的,因为人是动物。后者则不可能不是社会(集体)的,因为人的意识是社会历史的产物,很大一部分取决于、制约于非常具体的社会环境、文化传统等等。而且,甚至包括个体动物性的本能欲求、生理需要等等,也或多或少被这种种社会意识所制约甚至渗透,而采取了种种不同的社会表现形式或方式。这就是问题所在,就是前述的"心理成本体"的历史根源,即"活"在这一意义上是一种心理的事实,是"我意识我活着"的整体心理。

从这一意义上说,"活"是非常具体的。所谓"具体",就是上面所说那对处在特定客观时空条件下的认同。它的食衣住行、做爱、睡觉,总是在某个世界之中与人共在,与物共在。"从而打交道,结恩怨,得因果,忧乐相侵,苦甜相扰"。[1] 这就是具体的"我活着"。它们虽由生物性的"我活着"所生发、所引起、所支撑,却并不等同于那生物性的"我活着"。"我意识我活着"如同"我活着"一样,始终是一种历史的存在。历史才是存在的本体,渗透、沉积在工具-社会和心理-情感两个方面之中。仍如 Marx 所说,"正如社会使人成为人一样,人则创造了社会。活动和消费,不论是其内容或其存在形式,两方面都是社会的。……自然的人类的本质首先为社会的人而生存。因为只有在这里,自然对他说是与人的纽带……"(《一八四四年经济学-哲学手稿》)即使不与人打交道的自然科学和工艺技术,也如此。它们归根结底服务和服从于人在具体时空条件下的生存,从而为社会意识或权力(话语)所渗透甚至主宰支配。

那么,是否回到"我思故我在"? 我意识我在的意识引申出证明我存在?[2] 又不然。因为由此可以导致失去"我活着"的我。因为意识是社会性的。我的意识是社会性的。我的意识、思想都只是语言中的关系、结构,是那社会公共交往机器中的部件、齿轮。肉体服从于它,"我活着"便成了我活在关系里:五伦关系、种族关系、党派关系、公民关系。"我意识我活着"的"活",

---

[1] 拙作《哲学探寻录》。
[2] 这一说法并不符合 Descartes 的原意。

或有自觉意识的人的"活",也就等于在这语言权力关系中的食衣住行,谋生做事。在哲学上,由 Descartes 的"我思"到 Kant 的"先验统觉",再由 Hegel 的"自我意识"和"绝对精神",翻转为革命的马克思主义,社会性集体性的"我意识"将个体性的"我活着"几乎完全吞食。人为物役,异化极峰。

在中国,庄子很早反抗异化,要求干脆摒除意识,浑浑噩噩,"居不知所为,行不知所之"、"同与禽兽居",与文明告别。在西方,反抗 Hegel, Kierkegaard 突出个人意识的存在性即受苦受难的主观性,可以说是"我苦故我在"。与庄子的走向似乎相反,庄子是不要社会性的意识,去掉"机心"、"机事"而活着,Kierkegaard 是要那受苦意识而不要活。他的解脱之道是人们舍弃梦幻似的感官(aesthetic)满足,经由清醒理知导引的伦理生活,以进入回归上帝怀抱的灵魂欢欣,这才是真"活"。但这"活"已不是"活"。它没有肉体的任何位置,在这里,真"活"成了消灭"活"。我以为这与 Heidegger 要求分开"本真本己"与"非本真本己"以追求 Being 一脉相承,Kierkegaard 由"我苦故我在",追求超越而蔑视、扔弃"活"的一切,视它为污秽,认为只有这样,才能由此回归上帝。但这个回归上帝的"我"还有什么、究竟是什么,似乎更不清楚了。"我意识我活着"也就这样在这个不可解的矛盾中,即前面讲的"长恨此身非我有"与"闲愁最苦"的矛盾中永远挣扎着、苦痛着、轮回着。中国禅宗其实已参透此中消息,而想消灭"我意识我活着",但又仍须活着。于是,非有非无,无因无果，不言不示，不去不来，心中已空无一物，却还须活着，于是只能是"担水砍柴，莫非妙道"了。

如冯友兰等所已说明，禅宗下一转语，便到了宋明理学（见冯友兰《新原道》）。我也曾说："朱熹评说佛家只见得个大浑沦的道理，关于精细节目则未必知。Heidegger 等人也适用。"[1]这即是认为，具有"畏"、"烦"品格的 Dasein 就是这种"大浑沦"，人生——"我意识我活着"的"精细节目"并未被发掘。二十世纪七十年代末，拙作《批判哲学的批判》一书由 Marx 回到 Kant，是由人类生存的总体回到个体和个体的心理，但并未舍去前者作为前提；亦即由历史到心理，论说心理是历史的积淀物，自由直观、自由意志是建立在理性内化、理性凝聚基础之上。在那里说明人的"活"不同于动物的"活"，人的"活"是在有意识支配下的"活"。从认识论、伦理学到美学，《批判》一书论述了这一点。九十年代末，拙作《己卯五说》一书则由 Heidegger 回到 Hegel，但不是在社会、政治、道德上，而只是从心理上回到 Hegel，即回到历史、回到关系。它也不舍弃前者，而且以前者为前提。即以 Heidegger 所揭示的死亡这无定的必然所造成的"烦"、"畏"，即个体存在的心理本体的基础上，再次回到人际世间的各种具体情境中，亦即在有巨大深度的空渊（"无"）基础上，来展开这个"我意识我活着"所能具有的丰富复杂的客观历史性的"精细节目"（"有"）。把 Heidegger 追求了一辈子也

---

[1] 拙作《李泽厚哲学文存》（下编），安徽文艺出版社，1999 年，第 661 页。

没能解说的 Being 权且当作那无可奈何的"活"本身。它没道理可讲,但谁也躲避不开。如使其抽象化使它成为可怕的深渊,便不如使它具体化落实到人世的情感中来。但这并不是人类中心论。"人活着"与世界甚至与宇宙相连,"人活着"只是它的一部分。在中国山水画中,人很小,自然很大。人的情感远远不仅关乎人或人类,恰恰要处理的是人与内外自然的关系。

高行健话剧《对话与反诘》一开头:

女人:完了?

男人:完了。

女人:怎么样?

男人:挺好,(片刻)你呢?

女人:也不错。(片刻)应该说,也挺好。

(男人想说什么又没说。)

女人:就这样……

男人:怎样?

女人:不怎么样?

男人:怎么不怎么样?

……

男人:这就完了。

女人:这不很好?

……

这是做爱完后的男女对答。

既然"没有主义",逃脱一切社会的要求、律令、规范甚至意识,剩下最快乐的人的"活",在不饿饭的基础上,当然就是性交。但即使这样,性交后也总希望还有点什么。也就是说,总有点某种社会性的意识、心理、情感。"爱"?女人说这是男人的虚伪。但女人却更需要肉体欢乐之外的某点东西,性爱?母爱?某点心意?人总无可如何地要由动物转入社会,要由动物性的生理需要转为社会性的意识、心理需要。而这种需要又是那样的复杂多变,毫不牢固可靠,从而又要求舍弃它,以实现"真我"、"真活"、"真自由"。但所谓这些"真我"、"真活"、"真自由",以及"自由自在地活着"、"使用自己生命的自由"、"人活着"的"本义",如果完全脱去具体历史性的社会内容(人际情感、思想、意识、意向……),也就只是动物的生、性、死。如果不脱去,又觉得自己是在为别人(从时间、关系到意义到"主义"等等)活。这个难解的永恒课题,逼出"吾所以有大患者,为吾有身"(《老子》)、"我讨厌我这身体"(高剧中人语)。无生最好,又已生出,生出也就在这语言—人际—关系—权力—意义的社会性中。

> 梦游者:词依然是词,并没有意义。你尽可以把黑、白、吃、做爱、救世主、受难、扯淡全部糊弄一气,或组合为原则或程序,或者再打碎,再搅乱,再连缀,再振振有词,无非废话再说一遍。

废话不废话,并不重要。要紧的是你还在说。你之所以为你,只因为你还有言词。

妓女:你是不是也是个词。

梦游者:也是也不是。[1]

词说着人,人就是词,是词的各种组合支配下的一部分、一分子。这不是"真"的你,然而又正是你。人生就是如此。怎么办?没奈何!这也就是"我活着"——人生的无奈。高的作品那么多的性爱描写,我以为真正突出的就是人活着的无目的性:人生无目的,世界无意义。也许作者本人并不认同甚或反对这一解释,但这正是我要提出的问题。烦、畏、深渊、性爱,这动物性个体的人的生存如何了结?除自然需要生理欲求而外,还"是"点什么?还"有"点什么?我以为,这不得不历史具体地"回到"特定客观时空条件下的社会—人的社会性的意识和社会性的存在中。

欲望与情意如何区别?如梁漱溟所说,欲望是以个人主体为重,情感则以对方及双方关系为重。可见,由欲到情,也就是由个人动物性、生理性的欲到有人际、关系、社会性渗入的心理-情。扩而言之,所谓"生老病死"便不只是生理性的苦,而同时更是社会性的苦。也由于后者,使这痛苦变得更为丰富、细致、复杂、深刻。这也就是人生。

---

[1] 高行健:《夜游神》。

梁漱溟又说："生活意义就在生活本身，而不在他处。"但生活（命）是个体，生活（命）意义则可以不是个体而是在个体生命、生活之上、之外的神或集体或人类总体。如前所说，生活（命）意识本就是社会的。这动物生理性之外"是"点什么、"有"点什么，便只好从这里寻觅。

这样，便回到中国传统。

Fingarette说，孔子之忧乃忧客观具体事物或状态，非真正的主观内在的，即非忧内心之罪[1]。这一中西不同，也正是上述"精细节目"与"深度空洞"差别的资源来由。西方神人异质，天人关系紧张，生理的活"是点什么"，可以是上帝。中国灵肉不分，灵魂流连忘返并安息在这个尘世中，那"是点什么"便只能在这世上生活本身之中寻觅。从而繁复多样，日趋精细，在平凡生活中求神秘品格，世俗情爱也要求入圣超凡。"人生自是有情痴，此恨不关风与月"。"水流心不竞，云在意俱迟"。"我意识我活着"便可以干脆执着此生活情境，enjoy my life（享受生活），此即"诗意地栖居"。这"栖居"，作为人类总体一分子，经由历史和教育，显现在"我意识我活着"的自我心理中，在特定具体时空条件下可以变而为伦理的"先验"命令。既然"逝者如斯而未尝往也"，个人死去，人类仍存，那就"能近取譬"，就在这你—我—他（她）的人生世界中，以充满人际情感的心理去

---

[1] Herbert Fingarette, *Confucius : The Secular as Sacred*, p.13. Waveland Press, 1972.

履行那"先验"的至上命令,获取人生意义、生活价值。心空万物,无适无莫,却又可以杀身成仁,从容就义。即使这样,心灵仍然是快乐的成长史。心灵的快乐当然包含着肉体以至心灵本身的苦痛艰辛,但它不再为上帝的身影、空洞的虚无所掩埋或覆盖,人性善可以建筑、归结为人世情感之中。在这里,流动是情,长住为性;性由情定,乃成境地,此即品格。借用 Martin Buber 的话,既不必自失,被淹没在上帝中;也不必自圣,误认万物皆备于我。这也就是由 Heidegger 的深度的空回到 Hegel 具体的实。但并不需要 Hegel 的辩证法和绝对精神,"绝对精神"仍然是神(上帝)的身影。情基于肉体,神无肉体;情必多元,神则一元;情有待(条件性),神无待。将神作为情的唯一对象去追求,舍去世间的"精细节目",便可以成为被牵引的盲从羊羔。从而只要一声"上帝死了","此在"掏空,灵魂便一无所有。"活着"便可全部陷在动物性的生存需要里,或陷入盲目寻求某种信仰的冲力中。中国传统以其"精细节目","凡"可"圣",生活即艺术,幸福不成为"为什么活"的伦理学和神学所苦苦追求的问题,而是"活得怎样"的感性具体的美学问题。它是自由享受的个人选择,而非要求普遍的理性至上。

郭店竹简说,"道由情生"。它的形而上的逻辑是"天"—"命"—"性"—"情"—"道"。情者,情感,情况。情感与情况相交叉,就是非常现实、非常具体并具有客观历史性的人与万事万物相处的状态。情况与情感两者交互作用,而成为"人道"。《论语》:"如得其情，则哀矜而勿喜。"《周易》："以类万物之情。""情"在这里正是某种本体的存在。所以，"道"由之而生，"仁"、"诚"、"庄"、"敬"等伦理范畴、道德理念由之而出。对个体，它化而为"天地境界"，就成了具有潜在势能的"善"，成为"道"的执行者。文天祥尽管纵情声色，放浪形骸，但遇道德"应该"（ought to），则三年楚囚，此志不改，从容就义，完成人生的最后实在，其根基正在此无适无莫、寥然自得的"以美储善"的"天地境界"[1]。这里的审美－天地境界，便不只是泯灭一己与自然万物同一而已，它成了一种超自然、超经验的人生态度和个体品格。它既超越了"人生不满百，常怀千岁忧"的死亡感伤，也不复是"战战兢兢，如临深渊"那纯由理性主宰、服从绝对律令的道德意志，这也才是宋明理学所说的"才讲用得着，便错了"的"孔颜乐处"。它不只是"善"，而是"乐"，即所谓"知之者不如好之者，好之者不如乐之者"。所以它是"储善"。"善"在这里已成为几乎是无意识的潇洒，但又并不是金圣叹"杀头本大事，无意中得之"的故作姿态。与Heidegger"山不是山，水不是水"的行动超越不同，这里是"山仍是山，水仍是水"的心境超越。在前者，善恶由自己的行动决断；在这里，善恶凭自己的心境了悟。前者本体在行动，这里本体在境界，这也才是"无善无恶心之体"。此体并非寂然不动，而恰好

---

[1] 中文以审美一词译aesthetic，常误导西方读者，因aesthetic乃用感官来感知，并无精神－灵魂含义在内。所以Kierkegaard以之为最低状态，与中国正好相反。我之所以坚持审美释"天地境界"，正由于中国心灵的最高状态亦并不舍弃感性，此乃中国文化之最大特征之一。

就在日常情感又超此情感之中。Heidegger 仍然具有理性主义的抽象普遍性之嫌，这里则恰好是非常具体的实在。Kant 那森严可畏的绝对律令，在这里化而为充满情感生意的"孔颜乐处"。

但由此也可见，"我活着"的个体便难以成为理论的根底。以之为根底最终可以导致的，就是 Heidegger 空洞深渊的死亡进行曲。"我意识我活着"的社会性要求把根底放在历史具体的客观时空条件之下。由此进一步的推论便是：告别极端现代，回归古典传统。再次承认存在者、非本真者的时空、科技，以及古典哲学传统，包括 Heidegger 所否定的 Plato、Aristotle，比起所谓"本真本己的存在"，比起 Nietzsche 的 will to power（权力意志）的"超人"，更具有优先性。在中国，"天行健"、"生为贵"的儒学具有优先性，而后才有庄子。"未知生，焉知死"优于"未知死，焉知生"。理性在这里具有优先性，而后才是非理性；后者是前者必要的补充和解毒。前者规范后者，后者又突破前者。如此矛盾冲突，才有生生不已。

如所说，理性心理乃"非本真本己"存在中的历史组建。它是为了"与人共在"、"活在世上"而组建的共同规则，成为群体对个体此在的生活规范和生存规范：包括道德（实践理性＝理性的凝聚）和科技（思辨理性＝理性的内化），此即前述之"历史建理性"。

情感心理亦然。在"与人共在"、"活在世上"的"我意识我活着"的情感心理，包括它的各种具体的意识、意向，也大都是在这"非本真本己"的存在的历史（客观社会性的公共时间过程）

中被理性塑建。但它不是理性的内化或凝聚，而只是理性的积淀，即理性融化在"我"的感性中。在这里，"非本真本己"的存在沉入"本真本己"的存在中。"此在"也只能在历史中展开，它是"在这个世界中"，"与人共在"，因此"我活着"的悲欢、情爱、苦痛、哀伤即是"本真本己"。既然如此，又岂能一味斥责传统只专注于存在者而遗忘了存在？岂能一味否定价值、排斥伦理和形而上学？回归古典，重提本体，此其时矣。

西方传教士曾说中国人如竹子。含义之一是内部空虚，无独立的灵魂（soul）观念。西方基督教造一个超验的对象（观念）以越出此有限的人性、人际、世界，以便灵魂有所安顿。但在此超验的安顿中，却难分神魔，执着于此，反倒可以服从于黑暗的蛮力。因为所谓由自我站出来开显世界，让存在者成其所是的生存（existence），也仍然逃脱不了这个由历史性的权力（知识）的威逼力量所约束的有限人生。追求超验的灵魂、抽象的"倾听"，反而可以盲听误从，失去一切，倒不如"莫笑农家腊酒浑，丰年留客足鸡豚；山重水复疑无路，柳暗花明又一村"；人生本旅居，如能使岁月在情感中淹留，有时如画，则乡关何处，家园何在，此即是也。又何必他求？愿情本体能安顿 Heidegger 的天、地、神、人。

总而言之，人之为人的内在精神资源从哪里得到？先验理性的上帝？基督的爱？还是此世间人际的历史积累？从而，是服从先验理性？是回归上帝怀抱？还是依托在此历史—人生中？

如果是依托在历史—人生（或人生—历史）中，又如何依托？

人作为历史的存在者，"我"便难以否认地怀有着过去，积淀着过去。过去成为我的一部分，不管自觉意识与否。其中又特别是所谓"情感"。情感乃交感而生，是being-in-the-world（活在世上）的一种具体状况。人本来就生活在情感—欲望中，佛家希望"不住心"，甚或要消灭掉"七情六欲"，但喜怒哀惧爱恶欲，以及嫉妒、恼恨、骄贪、耻愤、同情、平静、感激……却正是人们日常生活中的非常实在且常在的情结、激情、心境。即使那无喜无悲、无怨无爱，不也是一种情境、心绪？它是生物–生理的，却历史地渗透了各个不同的具体人际内容。社会性与生理性这种种不同比重、不同结构、不同组合使情感心理经常为理知、观念、思想所说不清，道不明，讲不准。它就是人的具体生存，是"烦"、"畏"的具体形式，即"精细节目"之所呈现。在认识论，理知常常要求排开所有这些情绪—情感性的心理，以达到"认知"事物；在伦理学，理知要求主宰、控制这些情绪—情感性的心理，以履行其义务和责任的行为活动。只有在审美中，理性无拘无束，感性也无拘无束，二者随意交融，不断积累，从而不断丰富人的心灵—"情"（情感、情况）。

再回到生死主题。从丧礼为首的亲子哀到墓前挂剑的朋友谊，它不仅是认知（确认关系），不仅是伦理（义务行为），而更是审美的情感（情况）呈现。它即是前述"诗意栖居"的敞开、绽出、展露。

所以，回到人生有限，这是无可奈何的。无常而有限，使人伤春悲秋，询问归程何处。此本体悲情，包括抵抗与追求，包括虚构来生，指意无限，总是在活动中、变化中（becoming）。这活动、变化其实也即是存在（Being）自身。它虽不限于存在者，却只有常住在存在者中，才有其实在。在西方，上帝死了，无家可归，追求超人或重建宗教；在中国，人情淡薄，无家可归，只好重建七情，珍惜有限。在这里，世俗可神圣，亲爱在人间。强颜欢笑，度此人生，此即真、善、美。此即"天—命—性—情—道"。"此在"的"此"已集过去、现在、未来于一身，这也就是活生生的"我意识我活着"的我。这不只是心理，而正是存在的本态。"闲愁最苦"与"何时忘却营营"便从而统一在这个"道在伦常日用之中"，在"居家自有天伦乐"中，在自然观赏旅游中，在男欢女爱中，在艺术、科学的情感追逐中。于是，不昧因果，不落因果；消失时间，永恒瞬刻。这样，也才不是道德至上主义，也不是科学乐观主义，那些才真是失去存在的存在者的哲学。

再次申说上面所提问题。

彻底掏空的个体（包括从希腊悲剧到尤利西斯），可以走向怕的深渊；为世情纠缠的人生（包括从屈原到鲁迅）可以走向异化。到底生命之外是否别无生命意义？如有，便是那上述虽称超验实际仍为历史限定、约束的"天道"、理性、上帝、Being。如无，则只好干脆到历史性的此世人际间去寻寻觅觅。寻觅到的是"七情正、天人乐"。

什么是"七情"？《礼记·礼运》："何谓人情，喜、怒、哀、惧、爱、恶、欲，七者弗学而能。"下面紧接着说："何谓人义？父慈，子孝，兄良，弟弟（悌），夫义，妇听，长惠，幼顺，君仁，臣忠，十者谓之人义。"《礼记》要求以"礼"即上述十项"人义"，来"治"那"弗学而能"的生理性的"七情"，使"七情"成为人世的"情"，即人化的自然，不只是动物性的喜怒哀惧。如果去掉那些过去特定年代的内容规范，从今日说，这经过了历史洗礼和文化积淀的情感形式，倒恰好可分为七种，即亲情、友情、爱情、人际关系情、乡土家园情、集体奋进情、科学艺术情。这已不是那"喜怒哀惧爱恶欲"七种自然情欲，却恰好是渗透了社会理性的七种"人"情。个体生理的七情在这里获得了人化，得到了"礼"的"人义"安排和宣泄，这也就是郭店竹简所说的"道由情出"。它是"人道"，也即是"天道"。"七情正"是指个体的"喜怒哀惧爱恶欲"等生理自然情感的"正道"而行，它们成了人生意义、生活价值最后的心理本体。把灵魂，把寄托，把"赎救"，把皈依，都放在这里。这便是中国传统所宣说的。

在《华夏美学》中，我曾提出时间的凝固成为超时间的永恒。它既不是认识论，也不是伦理学，而只是美学。它不是纯理性的先验观念，而只是某种经验性的情理结构。人生本偶然，以此偶然来追求必然，于是才有上帝、不朽、永生、绝对孤独，同时也可以被折磨、被掏空、发疯、绝望。而中国传统的乐感文化把上帝、不朽（永恒）建筑在此际人生中，情况（从而情感）可有所不同。

也许，今天和今后越来越重要、越普通、越突出的科学艺术情（为科学而科学，为艺术而艺术的情感、情况和愉快），还需要进一步阐释。但科学家艺术家本人也已经谈得不少。他们说，在科学研究中，在艺术创作中，人与对象、人的生活和科学研究或艺术创作可以融为一体，从而得到最大的享受。它完全不是为了现实的功利，也不止于认识的愉快，而可以成为"是点什么"的人生依托。这其实也就是 Marx 讲的真正的人的非异化的"劳动"及其快乐。劳动不是谋生，也不成为社会或机器的奴隶，而是一种如 Schiller 讲的"自由游戏"，也就是我以前讲过的"自由享受"。这种"为科学而科学"、"为艺术而艺术"的享受、游戏、愉快和人生依托，包括科技的发现发明，哲学的思辨，艺术、诗歌的幻想，甚至也可以包括考证《红楼梦》、钻研 Kant 或 Heidegger 哲学，等等。它们都可以使人入而不出，乐此不疲，成为一种非常快乐的价值和人生意义。科技的发现发明如此，诗人艺术家的幻想、哲学的思辨，也如此。A.Einstein 说，"人们总想以最适当的方式来画出一幅简化的和易领悟的世界图像，于是他就试图用他的这种世界体系来代替经验的世界，并来征服它。这就是画家、诗人、思辨哲学家和自然科学家所做的。他们都按自己的方式去做，各人都把世界体系及其构成作为他的感情生活的支点，以便由此找到他在个人经验的狭小范围里所不能找到的宁静和安定"[1]。这正是"安身立

---

[1] Einstein：《探索的动机——在 Max Planrk 60 岁生日庆祝会上的讲话》，见《爱因斯坦文集》第1卷，许良英、范岱年译，北京：商务印书馆，1976年，第101页。

命"的情感－情况的一种。

至于"集体奋进之情",则如军歌、战歌所激发的慷慨激昂之情,以及如我在《中国现代思想史论》中《20世纪中国(大陆)文艺一瞥》中提到的"知识分子与工农兵打成一片"时的颂歌,钱理群在《40年前的"历史叙述"》[1]中所描述的集体感情等等。它们也可以是生活中重要情况、情感和人生的最终依托。现在可以质疑这些感情的客观内容、历史意义、社会价值,但它们非常忠诚,绝对真实,并无虚假,不容否定。它们同样可以作为人生意义、生活价值的皈依和寄托,在当年也确乎如此。金戈铁马时代需要的正是这种激昂慷慨、猛志豪情。它们是非常真实和非常忠诚的人生,是"我意识我活着"和"是点什么"的存在。这当然还包括其他各种人生奋发之情。当代社会性道德与宗教性道德发生尖锐冲突带来个体自我摧残和死亡的各种悲剧感情,也属于此类。

"天人乐"则在拙作中曾多次说到。它也是多种多样的。它包括《美学四讲》中说到的"悦志悦神"中的天人感通交会之情,也包括禅宗公案中所指向的那种种追求、心境或意向,那"看破红尘"、心空一切的"佛性真如"。它既可以是神秘的,也可以并无神秘感受而只是平静的安宁、愉悦,或狂喜的快乐,或自卑的虔诚。其形态不一,品类繁多。A.Einstein多次提到,在优美的宇宙构造面前,将使得爱思考的人产生一种谦卑和真正虔诚的感觉。这就是一种包含敬畏而并无神秘的"天人乐"。这在科学家艺术家那里可以发生,在一般

[1]《读书》,2000年,第11期。

人那里也可以发生。记得 Newton 也说过类似的话,而 Newton 当然是虔诚地信仰上帝的。

既然中国传统的"孔颜乐处"可在人尘,那么,还要不要"怕"?当然,可以有"怕"。

上面引述的 Einstein,就可以有"怕"。那灿烂星空,无垠宇宙,秩序森严,和谐共在,而自我存在却如此渺小,不怕吗?

那厚德载物,生发万事的水、地,或无声无息,或玄奥黑暗,都柔而坚,静亦动,既生生不已,死又归属于它。不怕吗?

如前章已说,"国"者,家园,乡土。"亲"者,父母、祖先、亲戚、朋友。"师"者,传统。都有关文化,是养我、育我、形成我的历史积淀,是 being-in-the-world(活在世上)的必要条件。没有它们,也就没有"我"。不怕吗?"天、地、国、亲、师",也即是"天道"和"天命",它们与此际人世、与人的肉身存在相关联,不只是灵魂寄托。它们并不完全离开"我活着"这个感性生命的存在者,却又并不完全等同于你—我—他(她)的全部总和,这就是"乐感文化"的"神"。它不同于 Heidegger 那否定哲学人类学的神[1]。正如上述的"虔诚"、"爱"、"怕"仍然大不同于有上帝背景的西方传统中的"虔诚"、"爱"、"怕"一样。

有一篇评介林语堂的文章说:"林语堂对中国文化的神的理解,与后来李泽厚所谓中国文化是乐感文化的结论,颇有不谋而合之处。"这文章说,林语堂认为"在中国人看来,生活

---

[1] 参阅 Heidegger 的"康德书"(Kant and the Problem of Metaphysics, R. Taft 译, 1997 年增订第 5 版), 第 148 页。

就是一种快乐,享受愁闲之乐,家庭之乐,大自然之乐,旅行之乐,文化艺术之乐……凡生命与生活所给予和创造的,无不是人生享受之乐","明知此生有涯,仍保留着充分的现实感,走完人生应走的道路,尘世是唯一的天堂";"西方重规律,而中国重人情。中国人对自然与人世的一切,总揣着一颗孩童般的爱心。风花雪月,礼仪人伦,莫不关乎人情。林语堂称中国人的人生是'诗样的人生',这不正是西方哲人 Heidegger 所追求的'诗意地栖居'的理想吗?"[1]不约而同,台湾一篇评论高行健的文章说,"它们(指《等待戈多》)注意只是个人而非社群,只是生存的本质,不是生存的全部,只是个人生命的短暂,不是社群生命的延续。高行健的剧本则不然。或直接或间接,它们总含容着社群生命的现实性、物质性、历史性和延续性。李泽厚说得很清楚,仁的文化,正是要在现实世间的生活之中,追寻理想的完成";"李泽厚说到,在仁的世界里,可以感觉到社会理想的实现,个体人格的完成,心灵的满足或安慰。高行健最大的贡献就是把哲学戏剧化,借以诱导我们的直觉,启发我们的悟性,让我们向往那个世界"[2]。

是耶非耶?"没有主义"的高行健也许会反对这一评说,因为他的作品着重出世,向往庄禅。但他作品所展示的却恰恰是除非人变成爬虫,又总得入世。它所提示的也就是前面讲过的那人生——"我意识我活着"的悲剧。而林语堂则的确说过"to find beauty in

---

[1] 沈湘致文,见《中国图书商报》1999年12月21日。
[2] 胡耀恒:《百年耕耘的丰收》,台北:帝教出版社,1995年,第78、83页。

common life"（在日常生活中找美）。他们都决不是Kierkegaard那种弃生活如敝屣，苦求灵魂的纯净和依归，也不是Dostoevsky的残酷拷问以达超升和寄托。它们都在无意识地展示出中国人因背后一无依托只得自求建立人生意义的悲苦，即缺乏人格神宗教信仰的悲苦、那种"无"而必须"有"的悲苦。

那么神秘经验呢？即使没有人格神，难道没有神秘经验吗？当然有。上面"天人乐"已经说过了。中国传统中的儒、道、释都有以某种天人交会的神秘经验作为底线，来建立情感信仰。释、道无须说，以儒家论，前述的"天、地、国、亲、师"中的"天"、"地"即可以成为这种神秘经验所树立的崇拜对象，而为人世皈依所在。中国儒家"哲学"之所以具有宗教性也在于此。以抽象性、思辨性极强的现代新儒家牟宗三的哲学为例，他就这么说过：

> Kant有时候，说话也不小心，他说我们所了解现象的关系是怎样怎样，是在时间空间的关系中，是在十二范畴的决定之下。至于这物自身本身的关系是不是如此，我们完全不能知道。……这说法是不对的。实则不但我们不知道，乃是它根本没有。所以当他说：物自身的关系是不是如其呈现于我眼前者那样，我们不知道，他说这些话时他心中就不明透。他所以不明透的缘故并不是他不行，而是由于他没有像中国学问传统那样的传统，所以他常常出毛病。假如叫中国人一看，叫王阳明一看，他就知道你这个话有问题。又假如叫龙树菩

萨一看，他定会说你这话是不对的。为什么不对呢？依龙树菩萨，当该怎么说呢？当该说物自身没有纹路，也没有自己一套关系摆在那里。[1]

牟强调在 Kant 那里只有上帝才有的"智的直观"(intellectual intuition)，人也具有。本来，Kant 说"物自体不可知"是指明知识有它的限度，上帝作为物自体只是信仰对象，不可认识。牟宗三说"物自体没纹路"，已是在说对物自体有所知，这"知"就是"没纹路"。这"没纹路"好像什么也没说，它等于"无"，实际是种神秘情态。

正因此故，牟宗三把外在的人生"礼制"（维系社会生存的体系、制度）最后归结为"本心"的神秘。他说："礼由何出？礼由心出。……由于圣人能澄明他的心，虚一而静……达到这样的境界，他才能制礼作乐。依孟子就直言礼是出于人的本心，此本心就是是非、恻隐、辞让、羞恶等四端之本心，故礼乃由本心而发。"[2]

可见，由"本心"而制礼作乐，这种"内圣开外王"的最终依据，实际是一种神秘经验，即"圣人"所达到的"虚一而静"的"境界"。宋明理学讲的"孔颜乐处"、"未发气象"，与佛家"父母未生我时面貌"一样，都包含有这种神秘经验在内。当代学者陈来对王阳明心学的神秘经验有揭示（见陈著《有无之境》），杨儒宾则对现代新儒学的

[1] 牟宗三：《中西哲学之会通十四讲》，台北：学生书局，1990年，第222页。

[2] 同上。

神秘主义（杨称之为冥契主义[1]）也有所论述。我以为都非常中肯和重要。中国由于巫史传统，通天人的神秘经验未采取基督教神宠天恩的人格神方式，而以主观"境界"即心理（仁、诚、德、本心、良知呈现等）方式来展现其超出认识、超出理性、也超出一般经验的宗教性格。王阳明说"无声无臭独知时，此是乾坤万有基"，如此。熊十力说"夫证会者，一切放下，不杂记忆，不起分别，此时无能所，无内外，唯是真体现前，默然自会"[2]，"心与物冥会为一，即心物浑融，能所不分，主客不分，内外不分……乃真实之知识也"[3]，也如此。这种"独知"和"证会""知识"与客观认知无关，只是某种神秘经验。这便是"自悟当下便是长存"（梁漱溟）的"良知呈现"。牟宗三遵循熊十力传统，对实际上更为接近 Kant、崇尚理性的程（小程）朱斥之为"别子"。现代新儒学中冯友兰少讲这种神秘经验，牟当然更大加指责[4]。以神秘经验为本体或最终依托，尽管形态不同，甚至多种多样，都已经没有认识论的意义，也不是伦理学的课题，它只属于宗教或美学的范围。"怕"或神秘经验可以构成天地境界中的某一种。它很难是如 Kant 那样的道德的神学，而只能是非理性的审美的神学。

[1] 杨儒宾：《新儒家与冥契主义》，载《当代新儒家的关怀与超越》，台北：文津出版社，1997年。
[2] 熊十力：《十力语要》卷三。
[3] 熊十力：《新唯识论》语体本卷下之一。
[4] 如牟宗三记述熊十力斥责冯友兰"良知是呈现，你怎么说是假设"的著名故事，参阅拙作《中国现代思想史论》中《略论现代新儒家》。

尽管中国传统中有神秘经验，也有"怕"，但由于巫史理性化的"礼"（周公）、"仁"（孔子）传统，以及虽逃世却重生的道家和禅宗的传统，中国文化缺乏人格神那种深重无垠的圣爱，同时也缺乏充满动物生理性的酒神精神的酣畅发扬，特别是更缺乏兽性与圣爱相冲突又相渗合的那种种虐待与受虐情感心理的充分呈露。

随着百年来传统礼教的崩溃和传统心理的急剧转换，以及革命道德重建的失败，这一情况在逐渐消失，性欲和兽性作为生存意志的核心、作为个体存在价值甚至归宿的感受、体验，在当代文化中已大有呈露。但圣爱和圣爱与兽性相纠缠，肉体与精神的虐待与受虐等等心理情感，则仍然相当阙如。性爱中的虐待与受虐也应是"人化"了的自然情感。圣爱中的受虐，当然更是如此。由于中国缺乏基督教中世纪苦行僧长年身心折磨的重要传统，这方面便显得极为苍白。中国出不了Dostoevsky，出不了鲁迅讲的那种"灵魂拷问"，出不了包括鲁迅在内的中国人较难接受的那种"充满爱心，忍受苦难，走入黑暗，才能得救"，黑暗即是超升即是荣耀之类的思想情感。灵魂拷问和满心欢喜地走入黑暗，当然残酷而极端痛苦，但在此痛苦、残酷中可以得到超升，得到或如Aristotle论悲剧时所说的净化。中国对此传统相当陌生。中国人更满足于天人合一式的肉体和心灵的大团圆，重视的是愉悦、宁静。其最高境界不是那山高谷深的心灵的追求苦痛、死亡的自我折磨，而毋宁更是"采菊东篱下，悠然见南山"、"平畴交远风，良苗亦怀新"的生的欢欣平远。由于巫史传统，巫通天（神）人，凡人可以为圣王，"人皆可以为尧舜"，人的地位相对高昂，使华夏文明对人的有限性、过失性缺少深刻认识。"天行健"、"人性善"容易漠视人世苦难和心灵罪恶，沉沦在大团圆的世俗，从诗文到哲学，中国都缺乏那种对极端畏惧、极端神圣和罪恶感的深度探索。因此，如何可能吸收、消化西方文化的这方面，纳入与之并不相投的自己文化心理结构里，与上述"七情"交织会通，使中国人的心灵变得更为丰满、富足和更有力量，成为更为自给自足的个体，使差异性、独特性更发展和更显要，而不只停滞在人伦、社会或与自然的和谐合一的情志上，确是重要问题。但同时我完全不同意西方传统的这种高远、深远一定优越于中国的说法[1]。其实，由于缺少足够的平面展开，即人情世事的温暖支援，人只与上帝有内在关系反而容易陷入绝对隔离和怪异孤独的境地。

文化心理结构

我曾分"积淀"的广狭两义。广义的"积淀"指不同于动物又基于动物生理基础的整个人类心理的产生和发展。它包括"理性的内化"即作为认识功能的诸知性范畴、时空直观等等；它包括"理性的凝聚"，即人的行为、意志的感性现实活动中的伦理道德（均见诸拙作"主体性论纲"）。而狭义的"积淀"则专指理性在感性（从五官知觉到各类情欲）中的沉入、渗透与融合（见《美学四讲》）。前二者（认识功能、道德意志）因为主要是理性在建造、主宰、控制着感性，尽管

---

[1] 刘小枫:《拯救与逍遥》。

语言不同，各种生存状况、时空条件不同，但为了同一生存（食衣住行），其人类普遍性非常突出。传统中国没有"名学"（形式逻辑），中国人的思维仍然遵守同一律、矛盾律；尽管各种伦理道德有巨大的差异甚至冲突（例如我举过的杀老与尊老、守贞与开放），但其心理形式即由理性观念主宰着感性行为的"自由意志"又是共同的。文化的差异常常只具有表面的意义。

狭义的"积淀"即审美，却有所不同。它常常直接呈现为人的整个"情理结构"即整个心理状态，而不限于认识和行为。从而由各不相同的文化（民族、地区、阶层）所造成的心理差异，即理性与感性的结构、配合、比例，便可以颇不相同。这是一个尚待开发的课题，特别应是当今比较文学艺术研究的一个新的出口。

前面已多次说了，这里最后再重复一遍，中国文化及其审美的情理结构是以此世人生为根基、为极限。明人书札说：

> 万望赐之手书，且要长篇。多说些朋友踪迹，近时大兄之景况，云间之景观，琐事闲话，拉拉杂杂，方有趣。切不可寥寥几行，作通套语……专此磕头。[1]

那么重视"琐事闲话"、"拉拉杂杂"。为什么？因为生活意义就在生活之中，就在自觉地享用这状似琐碎平凡却

---

[1] 引自《周作人代表作选》，香港：同文书局，1975年，第140页。

正是人生实在之中。无须惊涛骇浪,无须梦想天国,无须神恩狂喜,就在这平平凡凡琐琐碎碎的日常生活中,你就可以找到"道路、真理和生命"。对自然界,也如是。自然界的现象,并不虚幻,也非他在。它是实在的,这实在在于它处于人的情感之中。天籁、地籁均因人的情感而具有了"本体"意味:

> 晴凉,天籁又作。此山不闻风声日甚少,泉声则雨霁便止,不易得。昼间蝉声、松声,远林际画眉声,朝暮则老僧梵呗声和吾书声,比来静夜风止,则唯闻蟋蟀声耳。
>
> 朝晴、暖,暮云满室,作焦曲气,以巨炸击之不散。炸烟与云异、不相溷也。云过密则反无雨,令人坐混沌之中……鼻之内无非云者。窥书不见,因昏昏欲睡,吾今日可谓云醉。[1]

这就是平常的生活,平常的环境,平常的起居作息,平常的人和自然。对它们的自由享受,便可以打发"烦"、"畏",消除泯灭对时间的情感焦灼。但如此耳,何必他求?Dasein 和我的有限性,可以安息在这情感本体的积淀里。也正是这样,自己的情感本身便可以变得更丰富、更细致、更深刻,也更能了悟人生。

下面是三首诗词曲:

淮左名都,竹西佳处,

---

[1] 《游山日记》,转引自周作人散文。

解鞍少驻初程。过春风十里，尽荠麦青青。自胡马、窥江去后，废池乔木，犹厌言兵。渐黄昏，清角吹寒，都在空城。

杜郎俊赏，算而今，重到须惊。纵豆蔻词工，青楼梦好，难赋深情。二十四桥仍在，波心荡，冷月无声。念桥边红药，年年知为谁生。（姜白石《扬州慢》）

山松野草带花挑，猛抬头，秣陵重到。残军留废垒，瘦马卧空壕；村郭萧条，城对着夕阳道。……问秦淮旧日窗寮，破纸迎风，坏槛当潮，目断魂消。当年粉黛，何处笙箫？罢灯船端阳不闹，收酒旗重九无聊。白鸟飘飘，绿水滔滔，嫩黄花有些蝶飞，新红叶无个人瞧。你记得跨清溪半里桥，旧红板没一条。秋水长天人过少，冷清清的落照，剩一树柳弯腰。……（孔尚任《桃花扇》）

秋来何处最销魂，残照西风白下门。他日差池春燕影，只今憔悴晚烟痕。愁生陌上黄骢曲，梦远江南乌夜村。莫听临风三弄笛，玉关哀怨总难论。

桃根桃叶镇相怜，眺尽平芜欲化烟。秋色向人犹旖旎，春闺曾与致缠绵。新愁帝子悲今日，旧事公孙忆往年。记否青门珠络鼓，松枝相映夕阳边。（王渔洋《秋柳》八首选二）

这都是人所熟知的名篇。诗、词、曲算全了。这里将它作为一个例子，是因为它们的"主题"和情感非常接近，可说都缘起"故国之思"引出的人生慨叹。《桃花扇》写明代刚亡，异常沉重的哀痛伤感外露无余,也符合"曲"的特征[1];姜白石是战乱之后,南宋尚在,但"夜雪初霁,荠麦弥望,入其城则四顾萧条,寒水自碧,暮色渐起,戍角悲吟,予怀怆然"(姜白石该词自叙)。但这所谓的"黍离之悲"比之《桃花扇》,便婉约含蓄得多。王渔洋则明亡未久,"黍离之悲"在政治高压的环境下,反倒裹上了一层奇异的流畅轻快,变得迷离恍惚,却仍感慨系之。感知、想象、理解、情感在这三首诗词曲中的结构很不一样。拿"理解"一项来说,第二首(《桃花扇》)最明白,指向的概念最清楚。第三首(《秋柳》诗)则最不明白、最不清楚,却仍然极有风致。你讲不清、道不明那是什么,有感伤、有哀怨,但又那么轻灵快畅,不可捉摸。难怪此诗一出,和者哄起。这三首诗词曲近似而又大有差异的意义,在于它们在诉诸人们的情感感受中又在不断陶冶人的情感,使人的情感(情理结构)变得更为复杂、细致、丰富、深沉,即使同一情感、同一"主题",仍可以有千差百异,可以去仔细琢磨、体会或领悟,这样也就发展了这情感本身。这里并没有神秘天启,也不是灵魂超越,这里只是平常的人生情感和感伤,但同样可以是"我意识我活着"。它是不同于动物生理性的心灵成长。这种文艺现象,当然中外都有。但中国传统由于执着于此际人生,使这种种尘世的感伤、怀古、议政、惜别、思旧、忆故等等普遍生活和普遍情感,更突出在琐细、多样中见深沉,于平凡、表面中出丰富。上面只是一个例子而已,一部《红楼梦》更是明证。

可见,所谓人性的塑

---

[1] 参阅拙作《美的历程》。

造、陶冶不能只凭外在的律令,不管是宗教的教规,还是革命的"主义"。那种理性凝聚的伦理命令使所建造的"新人"极不牢靠,经常在这所谓"绝对律令"崩毁之后便成为一片废墟;由激进的"新人"到颓废的浪子,在历史上屡见不鲜。只有"以美启真"、"以美储善"的情感的陶冶塑造,才有真正的心灵成长,才是真实的人性出路。它必然是个体的,个性的,自然与社会相合一的。此处强调如果从日常生活即所谓"非本真本己"中完全抽离,个体心理将被掏空,便或容易为邪恶牵引,或沦为纯动物生理性的"存在"。看来,也许只有握住"生活意义即在生活本身",即使前一个生活意义可以在个体自身生活之外,只要不陷入抽象"乌托邦",仍然可以使心理趋向"本真本己",趋向那超有限超时间的境界。一切都将消逝,你什么也挡不住、留不下,除了你独有的这份人世体验和心理情感。这一份存留在你自己心底的酸甜苦辣,却是有价值有意义的。不要轻视,不必低估。也许,只有它能丰富你的"此在",只有它能使你感到自己独特的存在。在这里,Sisyphus的荒谬也可以成为激情。因此,"桥边红药,知为谁生"?答案只能是,"涧户寂无人,纷纷开且落"。不为谁生,也不为谁落。你(我)不再有此身,一切也仍将如旧。花自开,水自流。"月似当时,人似当时否?"当然不似。不似何妨?只要你生活过,你便可以心空万物而潇洒如故。

  可解而不可解,此即人生。人总得活着,唯一真实的是积淀下来的你的心理和情感。文化谓"积",由环境、传统、教育而来,或强迫,或自愿,或自觉,或不自觉。这个文化堆积沉没在各个不同的先天（生理）后天（环境、时空、条件）的个体身上，形成各个并不相同甚至迥然有异的"淀"。于是，"积淀"的文化心理结构（Cultural-Psychological Formation）既是人类的，又是文化的，从根本上说，它更是个体的。特别随着今日现代全球一体化经济生活的发展，各文化各地域的生活方式，以及由之带来的文化心理状态将日渐趋同。但个体倒由之更方便于吸取、接受、选择不同于自己文化的其他文化，从而个体积淀的差异性反而可以更为巨大，它将成为未来世界的主题。就在这千差万异的积淀中，个体实现着自己独一无二的个性潜能和创造性。这也许是乐观的人类的未来，即万紫千红百花齐放的个体独特性、差异性的全面实现。它宣告人类史前期那种同质性、普遍性、必然性的结束，偶发性、差异性、独特性将日趋重要和突出。每个个体实现自己的创造性的历史终将到来。可见，"积淀"三层，最终也最重要的仍然是个体性这一层。它既是前二层的落实处，也是个体了悟人生、进行创造的基础和依据，是"我意识我活着"的见证。主体的人并没死亡，活在自己的"情一理"世界的心理构造里。如我以前所说，不同于"道"、"气"、"心"、"性"、"理"，"情"无体而称之为"体"，乃最后实在之谓，并非另有一在此多元之外之上的悬绝的存在或存在者。"情"是多元、开放、异质、不定、复杂，它有万花齐放的独特和差异，却又仍然是现实的。它实在而又空灵，正如我最爱的李白名句之一："明月直入，无心可猜。"

总结起来，"我意识我活着"在三重悲哀中。第一层是，生即苦恼，人生下来便不得不活。于是生老病死，苦难重重，即前述的"何时忘却营营"和"闲愁最苦"的根本矛盾。第二层是，个体总处在社会性的权力（知识）的话语之中，生存在 Marx 所说的既定的现存生产方式之下、人们交往关系之中，人活着就受它们的支配、控制甚至主宰。第三层是，个体特别在社会转型期的历史与伦理的悲剧性的二律背反之中，常顾此失彼，无所适从（参阅《己卯五说》中《说历史悲剧》）。

于是，个人作为"我意识我活着"，得努力去自己寻找，自己决定，自己负责。即凭着自己个体的独特性，走向宗教、科学、艺术和世俗生活，以实现自己的人生。这将比有上帝指引更为悲苦、艰辛，这就是命运，这命运是由自己决定的。

二十世纪中国在走进现代，西方世界则在走出现代。十五年前我评论鲁迅曾以"提倡启蒙，超越启蒙"八字概括。鲁迅最敏锐地感受到了现代中西的差异，对中国既需要理性的启蒙，又需要超越理性与启蒙而对人的有限性、悲剧性生存有深刻体认。"提倡启蒙"则倡理性，崇普遍，重必然，讲绝对，求一致，说真理；"超越启蒙"则非理性，崇自我，重偶然，求实用，主相对，尚多元。与西方这两者对立、冲突相比较，企图走出一条自己的路的中国，如何既"提倡启蒙"又"超越启蒙"，既吸取西方的高远深远以及后现代话语，又不埋葬于其中，仍然是值得思量的事情。中国传统资源的"实用理性"（不同于先验理性的经验合理性）和"乐感文化"（没有超验世界而以现实生活为本体）的重新发掘和解释，可以是一个重要的视角。其中的主轴，就是如何安顿这个个体性。而所谓"天地境界"或审美境界，即以对生活、自然、艺术的自由享受，使个体从集体、从理性、从各种约束中解放出来，其目标、前途、遭遇并无一定之规，从而不可预测。命运偶然性、个体特异性、人的有限性、过失性和对它们的超越，在这里充分绽出。这就是生命，就是道路，就是真理，就是"情况"，也就是自己，就是你的、我的、他的、她的"我活着"和"我意识我活着"。整个"历史本体论"也就归宿在这里。

人类是动物族类，而工具－社会和心理－情感都由群体历史地形成，但落实在个体的物质生存、精神存在上。可见，所谓两个本体，不管从人类说或从个人说，都以人与内外自然的关系（自然的人化和人的自然化）而展开，而最终归结为"历史"，此之谓"人类学历史本体论"。

（摘自《历史本体论》）

再谈宗教经验

《圣经》与《论语》的不同，《卡拉马佐夫兄弟》与《红楼梦》的不同，Heidegger 的基础本体论与历史本体论的不同，明显有宗教精神特别是宗教情感的不同。如前指出，这不同也是文化积淀为心理形式的情理结构的不同。

在这方面，我以为实用主义者 William James《宗教经验之种种》一书对以基督教为主，旁及伊斯兰、印度教等各种宗教经验的详细描述、解释和评价，至今合理适用。宗教多种多样，颇有差别。James 大别之为"健康心态的宗教"(The Religion of Healthy Mind)和"病态心灵"(Sick Soul)两类。前者以对人生、世界以及自我和肉体生存采取了乐观、实在、快乐、肯定的立场、观点、态度，"根本上，上帝的生命与人的生命是完全相同的……人生的重大的中心事实就是，自觉地、根本地感悟我们与这个无限生命为一，并且我们完全可以承受这种神圣的倾注"[1]。它强调人从上帝得到内心温暖、愉快、松弛、恬静和健康，这种"上帝的内在性"、"人的内心自我的神圣性"等宗教情感虽有别于伦理道德，却是它的真正根源，它是人的最高体验。也有如 Hegel 所说，"人之得救，人之有福，即在于人能达到与上帝合一的意识，于是上帝便停止其为外在仅仅的客体，因而亦不复是一畏惧和恐怖的对象"[2]。上帝显示在其儿子耶稣那里，人与耶稣也就是与爱合而为一。Hegel 甚至还说，这亦即是作为个体的人显示自身于人类中，以解救人类[3]。从 Hegel 到 James 所描述"健康心态的宗教"与前述中国传统是比较接近或一致的，"健康心态的宗教"经常是拥有最多信众的各宗教的

[1] William James：《宗教经验之种种》，唐钺译，北京：商务印书馆，2002年，第96页。
[2] Hegel：《小逻辑》，§194。
[3] 同上。

主流。它们(包括基督教)与中国的乐感文化和情本体,尽管观念、思想、理论有异,但在情理结构上是可以相互沟通、交流甚至融会合流的。崇尚儒学的基督徒和穆斯林在中国比比皆是。

但是,更值得注意的是,虽非主流却更"典型"、更为现代中国学人所赞叹推崇的宗教经验,那就是James详细描述过的"病态心灵"。与"健康心态"相反,这是对现实人生、世界、自我、肉体生存等等采取悲观、痛苦和否定的立场、观点、态度,经常以前述那不断地自我折磨、理欲冲突的惨烈痛苦,通过贬斥、舍弃、否定肉体生存和世俗生活来追求意义、获得拯救。它们与《周易》"天地之大德曰生","有夫妇,然后有父子……然后礼义有所错,夫妇之道不可以不久也",将肉体生命和夫妇亲子作为五伦要项的中国乐感文化大不相同,好些基督教宣扬者却把某些极端的教义孤立出来作为依据(例如"我是在罪孽中生的,在我母亲怀胎的时候,就有了罪"[1];"原来体贴肉体的,就是与神为仇"[2];"你若娶妻,并不是犯罪。处女若出嫁,也不是犯罪。然而这等人肉身必受苦难,我却愿你们免此苦难"[3];"人的仇敌就是自己家里的人。爱父母过于爱我的,不配做我的门徒;爱儿女过于爱我的,不配做我的门徒"[4];"弟兄要把弟兄,父亲要把儿子,送到死地;儿女要与父母为敌,害死他们"[5]等等)。总之,以否弃生命、家庭、婚姻等来争取拯救灵魂,极力展开

---

[1] 《旧约·诗篇》,51:5。
[2] 《新约·罗马书》,8:7。
[3] 《新约·哥林多前书》,7:28。
[4] 《新约·马太福音》,10:36—37。
[5] 同上,10:21。

这种"病态心灵"。上面曾说,这种心灵对中国人比较陌生,但经历过 1949 年后的思想改造运动和"文化大革命"中的"灵魂深处闹革命"的知识者来说,从不间断的"狠斗私字一闪念"和阶级原罪的无穷谴责和忏悔中,也许可有依稀相似的某种感受。但由于只是政治宗教,它毕竟缺乏对肉体和情欲极端厌惧和憎恶,毕竟缺乏"神"的圣洁光环,其情感和情理结构相比之下便远为苍白浅薄。但这种政治宗教的激情,如同某些宗教的圣洁一样,在某种情境下,都可以转化为极端的污秽丑恶。

本文不属于宗教社会学、宗教史或宗教理论,不能叙说这些问题。例如,著名的基督教主题教义之一的"三位一体",究竟"圣子"(耶稣)是全神全人,还是半神半人,是神性抑人性,抑神人共性,便是一场辩论千年屡经裁决却并未能全面压服异议的重要神学争论。又如,究竟强调 the faith of Jesus 还是强调 the faith in Jesus;强调神人相亲还是强调神人相隔;强调启示还是强调体验;强调上帝本身作为超因果性的实存,从而与人类无干,人只是被造物,与神完全异质,从而神是绝对的,不可理解,不可达到,不可认识,非理性所能获得,只有绝对否定自己,才能从虚无中去发现上帝,才能获救,还是强调上帝存在可由理性证明,上帝乃是人的存在的意义,重视理性的了解和追求。又如,是强调经由教会组织作为中介沟通的圣灵(holy spirit)以之为拯救灵魂的必要条件,还是强调个体与上帝直接沟通,无须教会中介;……这种种教义、教派、制度、仪式、理论的差异,对所产生的心理感受和情理结构，也颇有差异。这一切表明，情作为"本体"，不同于僵硬固定的"心体"、"性体"，它现实地多元而繁复。但本文不能就此详说了。

本文只想再次以 Heidegger 来做些论证，因为"如何活"（认识论）让位于"为什么活"（伦理学）和"活得怎样"（美学），心理学不再是生理－心理的经验问题，而成为人的生存的本体性存在问题。所以，《历史本体论》曾说，"心理成本体……是 Heidegger 哲学的主要贡献"。Heidegger 对"畏"、"无"的论说，我以为，正好可以作为"病态心灵"的哲学描述。如前所述，Heidegger 认为最能体现独一无二的个体存在是他（她）的前行到死亡中去。因为只有在这个此在中才能体认到存在，这也可以说是人没入于神。St.Paul 说"基督若在你们心里，身体就因罪而死，心灵却因义而活"[1]，这也就是，只有我变为无有，上帝才会进来。Heidegger 说："在无中去经验为每一存在者提供存在保证的那种东西的宽广性。那种东西就是存在本身。在根本性的畏中，无把存在的深渊般的、但尚未展开的本质送给我们。"[2] 尽管 Heidegger 强调人乃有限性的时间存在，所谓"永恒"、"不朽"即无时间或时间无限，纯属逃避死亡、掩盖死亡的欺骗。但 Heidegger 的无神论的"存在"和"无"，却仍然立刻可以转换为有神论的"神"和"有"。"畏"什么？畏"无"，畏此"存在"，亦即畏上帝。这里，

---

[1] 《新约·罗马书》，8：10。
[2] Heidegger：《路标》，孙周兴译，北京：商务印书馆，2000 年，第 357 页。

上帝、存在、无，可以代表吞噬一切的死亡。只有前行到死之中去的此在，才能体认到真正的人生的价值、意义和存在。

Heidegger 一再说，"畏弥漫着一种独特的宁静"。"畏把无敞开出来"，"畏使我们无言"，"在畏中，存在者整体变得无根无据"。另方面，"凭着畏的基本情绪，我们就达到了此在的发生"，"这个原始的能不的'无'的本质就在于：它首先把此在带到这样的存在者之前"[1]。本来，只有人才生存，只有这个理性动物能意识到自己有限的不确定的生存，因之才有畏[2]，也才会有和需要有信仰。可以说动物有"认知"，甚至"道德"，但不会有信仰。只有在体验有限中把握住"无"的方式可以是信仰。于是这里逼出的是理性与信仰的关系问题。

概括说来，关于理性与信仰有两种回答：一是"正因为荒谬，所以我信仰"（Tertullian, "Credo quia absurdum."——I believe because it is absurd.），也就是思想止处，信仰方生。一是"为了理解而信仰"（Augustine, "Credout intelligam."——I believe in order to understand.），它开启了各种对上帝的神学论证。但即使如此，即使上帝可以言说、认识，并用逻辑论证，毕竟还是信仰在先。从而前者明确与理性决裂，似乎更为诚实有力。但信仰尽管可以排除认知和逻辑，却又仍然是以理性凝聚（由

---

[1] Heidegger：《路标》，孙周兴译，北京：商务印书馆，2000年，第128—131页。

[2] Heidegger 说："我们所畏和为之而畏的东西的不确定性却并不是缺乏确定性，而是根本不可能有确定性。""万物和我们本身都沦于一种冷漠状态之中。"《路标》相当深刻地描绘了现代人生存的"本体"状态。

知性概念确认并执着于"上帝"或某种观念)为根本特征所煽起、所生发的情感。即是说,理性不作逻辑的展开而集中和执着在某种观念中,排斥思维、认识,与情感合为一体,构成与"理性内化"相区别的"理性凝聚",它就是道德律令,更是宗教信仰。而由于这理知确认与情感有各种不同融合、配置、比例、关系和结构,便可以产生各种复杂而不同的宗教情感和信仰。如从有神学理论的明确认知到所谓不是理性而又不是非理性的(not reasonable but also not unreasonable)神秘领悟等等。其中,神秘经验则经常是各种宗教信仰-情感的重要方面,它构成了情本体所要讨论的最终题目。

什么是神秘经验?

我以为,W.James百年前举出"四大心理特征"仍然简明扼要。这就是:(1)不可言说(ineffability),即我在《漫述庄禅》一文中所讲的超越语言、概念和知性认识。(2)启悟(noetic quality),即拙文讲的虽非理知可以认知,非语言所能表达,却又有某种洞悉真实或把握真理的感受、领会、体悟。(3)短暂(transiency),即拙文中讲的超因果超时空的"瞬刻永恒感"。(4)被动(passivity),非自觉意识或意志所能控制掌握,即可遇而不可求,拙文未详说。正是这种神秘经验引导人感受到"天恩"、"神宠":或得救(客体上帝进入主体),或皈依(主体投入客体),或合一(主客体融合为一)。总之,这种神秘经验使人感受超越了自我的渺小、软弱和有限,或自我净化,或罪孽消失,从而或兴奋狂喜，或恬静祥和，或战栗恐惧，或敬畏欢欣，或由之失常癫狂。James 曾举出许多例证，如"觉到宇宙的生命与秩序，伴这个世界之觉而来的，就是理智上的豁然开朗……一种不可形容的高兴、得意，并快乐之感……与这些同来的，还有所谓不死之感，一种永生之觉，并不是相信他将来会永生，乃是觉得他已经永生"[1]，"心在活动，无欲望，无不安，无对象，无形体。由是真理射出它的全部光辉"[2]，神秘经验作为"绝对真理"是不能言说的感受、情感，却又仍由理知语言来作表达。如 James 所描述，"……既不是灵魂，也不是理智，它也没有想象，没有意见，没有智力。……它既不是数，也不是序，也不是量，也不是微小，也不是平等，也不是不平等，也不是相似，也不是不相似。它不立，不动，也不息……它不是精素，不是永存，也不是时间"[3]，"超光明，超显赫，超精要，超宏伟……不是圣父、圣子，也不是圣灵"[4]，如此等等。从而如 James 所说，这种种"神秘之感可以与极不同的哲学和神学所贡献的材料结合的"[5]，"信仰状态与神秘状态是实际上可以交换的名词"[6]，"道德的神秘与这个理智的神秘互相纠结，互相连合"[7]。这经常成为各宗教所追求最高境地的"情本体"。

因为自 Hume、Kant 之后，上帝存在在理性逻辑上只能是"假设"。但就信仰的情感言，却不能容

---

[1] 参阅《宗教经验之种种》，第 390 页。
[2] 同上书，第 392 页。
[3][4] 同上书，第 406 页。
[5] 同上书，第 414 页。
[6] 同上书，第 412 页。
[7] 同上书，第 407 页。

许上帝存在只是一种"假设"。有如中世纪 Anselm 所言，人们既肯定这个最完满的存在，它（上帝）就决不能只在思想上存在，它（上帝）就必然也必须存在。这个"存在"既在最终意义上只能是信仰－情感上的，因之便只能以各种神秘经验为基础、作证据。这种情感性的神秘经验实际成为各种宗教的**根本底线**。即使并非宗教却具有宗教功能的儒学也如此。牟宗三所津津乐道的熊十力拍桌子斥责冯友兰，"良知是呈现，你怎能说是假设"的著名故事，以及牟自己大讲的"智的直觉"，所指向的也正是这种神秘体验。牟宗三明确说，"要使他（指 Kant）向上通"[1] 入中国的神秘主义。Kant 是排斥神秘主义的，Kant 认为只有上帝才有无分本体现象的智的直觉。牟宗三强调人也有。Kant 讲认识论，牟宗三却将它搬入伦理学，即道德形而上学。从而，牟的"智的直觉"，并不是认识、逻辑的理性问题，而是有关道德－宗教的根本底线的神秘经验。在一定意义上，这可说也是宋明理学虽然大肆宣讲却很少论证的"圣人气象"或"孔颜乐处"的秘密。牟宗三对此做了现代哲学语汇的承续。宋明理学和现代新儒学所极力追求和论证的超验的"理性"本体（心、性、天理），最终却以"上通"于这种不可言说的神秘经验而告终。牟宗三在其《中国哲学十九讲》结尾时说："我们和 Kant 不同之处是，我们所谓悟道、合一之处，Kant 说是神秘主义。他不承认人有智的直觉。……依中国哲学看……理性主义与神秘主义不能分成两截，它们是相通的。但是若照 Kant 的看法，理性主

---

[1] 牟宗三《中国哲学十九讲》，台北：学生书局，第 447 页。

义就上不去,而被封住了。这造成很大的毛病。因为这样一来中国人从前所说的'悟道'、'成圣'、'成佛'、'成真人'都成了神话。但这些并不是神话,而是真实的可能。"[1]

中国巫史传统本来就有神秘经验,如《老子》的"恍兮惚兮",《孟子》"养浩然之气",还有《庄子》等等。以后经由佛学和禅宗到宋明理学,更有所扩展。如大程说:"人生而静以上不容说,才说性时,便已不是性。"朱熹说:"性不可说。"王阳明说:"此是传心密藏,颜子明道所不敢言者,今既已说破,亦是天机该发泄时。"陈献章说:"读《论语》,坐久假寐,既觉,神气甚清,心体浩然,若天地之广大。盖欲少则气定,心清理明,其妙难于语人。"等等,实际都如此。神秘经验有多种形态、状况和情境,是外视还是内视,是万物同一还是万相皆空,是本体论的还是境界论的,等等。就中国说,由日常生活的超越心境,转为神秘经验的所谓"孔颜乐处",更多是人生境界论的,而且大半只是点到为止,并不详说。

本文只讲情本体(也就是心理作为本体)的伦理—宗教走向,情本体的另一走向是伦理-政治即儒法互用。这两个方向在组建中国现代性中均将具有重大意义。因为以情本体为中心,可以逐渐构建某种新的内圣外王之道,形成多元繁复的现代或后现代的人性-社会结构,这也就是我或将提出的现代性的"中国生活方式"问题。这容后再论。

---

[1] 牟宗三《中国哲学十九讲》,台北:学生书局,第444—445页。

当今的问题是，在后现代社会的散文世界里，还有"情"吗？家庭或将消失，走向"纯粹"个体？既已无家可归，还能诗意栖居？剩下的只是自然人性论的"生之谓性"、"食、色，性也"？没有家园，也就不再有情感，当下的食、色、欲望和快乐就是本己真我，果能如此？四十岁（男）、三十五岁（女）前也许无需婚姻，当年轻放纵的狂欢之后，对好些人来说并不止于性欲的男女情爱，也许更为必要？它所包含的个体身心所需要的稳定感、家庭成员长期生活中的亲密感能被完全取消？中国传统讲"居家自有天伦乐"能完全消逝？即使家庭形式不再固定，但《历史本体论》中再三申说的亲子夫妇情、朋友谊、乡里恋、故土思，从家园旧居到山水花鸟，包括对自己过去生活的咀嚼和人生回味等怀旧情怀种种，不仍然可以是生命的真实、生活的真理？即使因失去革命、战争而获有的生活平凡，即使是失去对神的信仰而陷入机器（科技机器和制度机器）支配的日常世界，人在自己的悠久的文化心理积淀中，难道就允许真正无家可归？就不能够找到自己建立的信仰和信仰的快乐？如果真是那样，情感又如何能够成为"本体"？

《历史本体论》一书就此已谈了许多，不必再讲。这里重申的只是：由于不同于心、性、理，情感作为本体世界，是多元的。作为文化积淀的历史成果，它多样、丰富而细致，虽产生在历史群体之中，却由每个个体去选择和创造。你所依归的"情"是为国为民为世界？是为名为利为权力地位？是为科学而科学，为艺术而艺术？是为冒险、旅游或爱情？是热情沸腾，激情澎湃？还是悲喜双遣、古井无波？……当然，它们又经常交错重叠，迁移变化，复杂多端。既然每个人都是走向死亡而生存，如何打发和度过今日？如何去寻求自己有限人生中的欢欣、快乐和幸福？"情本体"提示的也只是这些问题。这其实也就是中国传统说的"立命"问题，即建立自己生命的意义。这与其说是伦理道德问题，更不如说是信仰—宗教的情感问题。

如仍以James"健康心态"与"病态心灵"归纳，大体说来，今日对快乐、幸福或者说对情的追求也可分为两大类别或形态。一是对肉体及心灵作所谓"极度体验"（limit experience）的病态追求。如在性变态（性虐待和被虐）中，在强烈的迷幻药中，在同性恋澡堂中（不认识，不可预测，随意，匿名），在吃生肉中，等等，去追求身体和精神的创新和快乐。这种"极度体验"既包含极度快乐，也包括极度痛苦，这痛苦和快乐是身、心两个方面兼有的。Nietzsche说，"反理性不是对生存的争辩，而是生存的条件"[1]。Nietzsche终于发疯。Foucault说："我会、我也希望死在任何种类的过度快乐中"，"那极度完全的快乐，对我来说，联系着死亡。"[2] Foucault死于艾滋病。上帝死了，魔鬼作为上帝的另一面便以"后现代"的世俗方式出现。在这里，极度的兽性可以被理论化为神性，极度的苦痛可以感受为极度的快乐。兽性对人性（理

[1] Nietzsche, *Human, All too Human*, 515.
[2] *Foucault, Politics, Philosophy, Culture*, 912, New York, 1988.

性、社会性、历史性）的反叛、冲突和胜利，可以叙说为对现实世界、平庸人际和文明衰颓的激烈抗争。而所有这些，都可以视作是生活艺术的创新，而成为后现代的高超神意。我以为，它是以一种极端扭曲的世俗方式与前述"病态心灵"的传统宗教相反相成地构造着与现实人际相分离的情感。在社会意义上，它以惊世骇俗来反抗现实,实际却装饰着稳固的资本社会。在心理意义上，则仍然是人生意义、生活价值，亦即"我为什么活着"这一宗教难题的世俗呈现。它在今日及今后，由发达国家到全世界，在食衣住行等人类基本需要得到满足之后，会愈益凸显。

与这种身心"极度体验"相反的另种选择，是将世际人间本身作为个体的生活价值和人生意义的情感归依。其中也并不排斥在各种冒险中去追求强烈刺激，和极力测试自己的身心限度而得到的痛苦、紧张、创新和快乐。创新作为自我不断构建和成长，其本身是一种快乐。这属于正常状态和健康心态。在哲学史上，与 Nietzsche、Foucault 等人不同，从 Epicurus 等人开始都强调身心适度克制和协调，以取得平宁、安静、和谐的"生的快乐"，来作为人生目标和生活极致。Foucault 与 Dewey 便可作为现代两种相当不同的对情本体的实践追求[1]。

以"孝－仁"为基础的中国传统一向重视个体的肉体生存，认为"父母之体不可毁伤"，反对以伤残肉体为代价来获得精神快乐或神性超越；反对肉体和心灵、生命与拯救处在

---

[1] 参阅 Richard Shusterman, *Practicing Philosophy*,第1章,Routledge, 1997。

不断甚至永恒的残酷对立和冲突中而痛苦不堪。中国传统中的苦行和尚、玄修道士、静坐儒生，其所构建的心灵紧张和肉体苦痛，其深度和重量比之某些宗教的自虐，相差不可以道里计。庄子的"至人"、"真人"是"御风而行"，神游天下。禅宗的"真佛"是"只说家常事"、"平常心是道"、"山还是山，水还是水"的庸凡生活。儒、道和禅都追求就在这个日常世界的现实生活中取得心境超越。我曾以画家的"三远"来作比拟，中国追求的"生的欢欣的平远"，不同于某些宗教的深远和高远（《历史本体论》）。在中国传统看来，对深远、高远的执意追求，其实乃属虚妄。禅宗以为如果一味追求"空"、"无"，仍将坠入"实"、"有"，更何况执着于那个绝对的"有"（神）。有无不住于心才是真无，以此真无来御万物，才是道路、真理和生命。于是，这里引发出现实世界究竟是实有还是空无或既空无又实有的问题。

犹太教、基督教和伊斯兰教都可说是"有"的宗教。尽管有天堂人世之分、灵魂肉体之分，但仍然非常重视必须由后者到达前者，即以此世间的事务、道理的正确履行和坚决维护，才可能上天堂，登彼岸。从而，这个世界仍然是非常实在的。伊斯兰的基本教义及历史实践证明这一点。基督教也是这样。它的基本教义和历史实践，尽管宣讲的是拯救灵魂，但无论政教合一的十字军或并不合一的救世军，无论或凶狠或热情，都非常重视在这个现实人世中作出事业功绩以回报上帝。它们并不以为这个世界纯属虚幻，相反，强调只有正确对待、处理好这个实在世界，才能拯救灵魂，进入天国。

与此不同，佛教则是"空"的宗教。尽管大乘佛教也以济世救人为要务为功业目标，但其根本教义，仍以这个生老病死的苦难世界没有意义，空幻虚无。色即是空，四大皆空。既然如此，又何必住心？"本来无一物，何处惹尘埃"。包括那敬畏、崇拜、狂热、爱恋的种种宗教情感，也并无意义，应该古井无波，才有真如可得。

不同于耶、佛，儒学吸收道、释之后，其特点成为人生虚无感与实在感的相互重叠、交融合一，即空而有。由于儒学不是真正的宗教，没有真正的宗教教义，这种"空而有"便表达和宣泄在各种形态和各有偏重的"人世无常感"的感伤情怀或人生意义(无意义)的执着探求中。

所谓人生无常的空幻感，如我在《美的历程》中所描述初唐时代的少年感伤，也如我在《中日文化心理比较试说略稿》中所举出的日本文艺和心理。后者因深受禅宗影响，心空万物而崇死如归，如樱花之匆匆开落，娇美傲岸。前者则如《历程》所述，尽管人生空幻，由于仍需活着，从而入世成长、卷进种种悲欢离合和因果环链中，其中又各有时代、社会的特定印痕在。在这里，人生无常感和虚幻感便与人生现实感和承担感经常相互交错混杂。其"有"、"无"负荷之间的关系变得极为错综繁复、深刻丰富。情本体的多元展开也就更为充分。中国的诗词曲、山水画、私家园林、佛寺道院之不同于日本的俳句、山水画、禅境庭院；陶潜、杜甫、苏东坡之不同于初唐之刘希夷、张若虚，都是如此。而曹雪芹《红楼梦》，则将"色即是空，空即是色"即这个"空而有"的人生空幻和人生实在的混杂交融，抒发到了顶峰。中国诗歌对废墟、荒冢、历史、人物，对怀旧、惜别、乡土、景物不断地一唱三叹，流连忘返，却少有对上帝、对星空、对"奇迹"的惊畏崇赞，也少有对绝对空无或深重罪孽的恐惧哀伤，也没有那种人在旷野中对上帝的孤独呼号……所有这些正是这个"空而有"的情理结构的"本体"展现。它展现和宣说的是，这些事件、景物、人生、世界、生活、生命即使虚无空幻，却又仍然可以饶有意义和充满兴味。如果说佛家抓住生死，以一切皆空来对待生，善恶同体，随缘度世，无喜无嗔；如果说Heidegger抓住生死，以赶紧由自己做主做点什么来对待生，执着于有，向前冲行，即使邪恶，也以为善，那么，儒家也抓住生死，虽知实有为空，却仍以空为有，珍惜这个有限个体和短暂人生，在其中而不在他处去努力寻觅奋力的生存和栖居的诗意。"少年听雨歌楼上，红烛昏罗帐；壮年听雨客舟中，江阔云低，断雁叫西风。而今听雨僧庐下，鬓已星星也；悲欢离合总无情，一任阶前点滴到天明。"（宋蒋捷词）青年声色狂欢，中年辛勤事业，晚岁恬淡洒脱。尽管说浮生若梦，人间如寄；旅途回首，又仍然非常真实和珍贵，令人眷恋感伤。虽知万相皆非相，道是无情却有情。

不过，即使空而有，又仍然可以或采用道家游戏人间、自释自慰、保身全生，或谨守儒家"知其不可而为之"而杀身成仁、舍身取义。这当随各种具体的不同问题、不同事物、不同情境而由自己选择和决定。它们的排斥和互补，构建着个体人生和群体社会的丰富和多元。

从古代到今天，从上层精英到下层百姓，从春宫图到老寿星，从敬酒礼仪到行拳猜令（"酒文化"），从促膝谈心到"摆龙门阵"（"茶文化"）[1]，从食衣住行到性健寿娱，都展示出中国文化在庆生、乐生、肯定生命和日常生存中去追寻幸福的情本体特征。尽管深知人死神灭，有如烟火，人生短促，人世无常，却仍然不畏空无而艰难生活。如前所已说过，其中所负荷着的空无感伤反而可以因之而深化。拙作《美学四讲》曾说：

> 从原始时代起，对死亡、葬礼的活动和悲歌便是将动物性的死亡恐惧予以人化，它用一定的节奏、韵律、活动等形态，将这种本能情绪转化为、塑造为人的深沉的悲哀情感，实际丰富了生命，提高了生命……动物性的本能情欲、冲动、力量转化为、塑造为人的强大的生命力量。这生命力量并非理性的抽象、逻辑的语言，而正是出现在、展开在个体血肉之躯及其活动之中的心理情感本体。也正因为此，艺术和审美才不属于认识论和伦理学，它不是理知所能替代、理解和说明，它有其非观念所能限定界说、非道德所能规范约束

---

[1] 与日本茶文化迥然不同，参阅拙文《中日文化心理比较试说略稿》。

的自由天地。这个自由天地恰好导源于生命深处,是与人的生命力量紧相联系着的。[1]

这种生命力量便区别于动物恋生本能,尽管在生物学上仍以它为基础,但毕竟是彻底地"人化"了。它正是我所说的"情本体"。

所以,如果完全舍去世间的一切现实,掏空人的日常生活的一切实在性和社会性,而又不去自杀,或变成疯癫或白痴,那这个个体以及所谓"个体与神的关联",这个完全跳出历史去追逐的精神永恒或"与神的关联",便实际成了空洞。刘小枫在其近著《圣灵降临的叙事》一书结尾时说:"我信'基督之外无救恩'的认信确认的是:我能够排除一切'这个世界'的政治、经济、社会的约束,纯粹地紧紧拽住耶稣基督的手,从这双被现世的铁钉钉得伤痕累累的手上,接过生命的充实实质和上帝之爱的无量丰富,在这一认信基督的决断中承担起我在自身全部人性的歉然情感。"[2]

在或可煽起浓烈感情的华美文辞中,这个"上帝的爱"、"基督救恩"、"生命的充实实质"和"全部人性的歉然情感"其实是非常抽象和空洞的。它作为超绝尘凡的圣洁情怀也常常只能是未必持久的短暂激动,仍得落实到"这个世界"中继续生存。从而这个"能够

[1] 拙作《美学四讲》,第4章第3节。
[2] 刘小枫:《圣灵降临的叙事》,北京:三联书店,2003年,第254页。

排除一切'这个世界'的政治、经济、社会的约束，纯粹地紧紧拽住耶稣基督的手"的手，恐怕只能是一只黑猩猩的手。因为人不可能"排除一切'这个世界'的政治、经济、社会的约束"，除非你不活。包括上述种种"上帝的爱"、"全部人性的歉然情感"等等，也都仍然是这个世界的政治、经济、社会的历史约束下的意识产物。"这个世界"的"约束"使人生无意义、世界无目的确乎展露得突出和凶残。中国传统也并非不了解这一点，但由于人总得活着，于是才在否定现实的真实性之后，又仍然去寻觅和肯定这个世界，并把这寻觅和肯定就归宿在这"空而有"即虚幻与实在的重叠交融之中。在这个既空无又实在中去把握人生滋味，使个体悲剧性的生存充分绽出。"空而有"因未全废人际情怀而不枯寂冷漠，因未死守利害因果而不丑恶俗腻。上帝无痛感，可以无情。但太上无情，人岂可得？即使上帝，不也要"道成肉身"，让亲生子耶稣以背负十字架的巨大情感来拯救众生吗？即使与神合一的神秘经验，包括儒家的"孔颜乐处"，仍有情如此，"不知老之将至"吗？人生总有苦乐悲欢，安得无情，度此岁月？就看你的情感能否既实实在在又洒脱空灵了。这里，生活即艺术。

"空而有"的一个重要悖论在于，两者虽可并存交融，但其潜在矛盾却甚为关键。冯友兰所讲的"以道家精神作儒家事业"，或者说，以道家逍遥洒脱、禅宗世情空幻的精神，来实践履行儒家的"三不朽"。或者用宋明理学的话语，以"曾点气象"、"孔颜乐处"来执礼践形。这在情感上真有可能吗？不执着于"有"，不"诚"于有，能真正"知其不可而为之"？这里又回到有否作为情感坚实支柱的信仰问题：虽知虚无，仍需执着。之所以能执着，是由于有一个情感-信仰的"物自体"在。这才是一切没有意义（无）中的意义（有）。这个"有"不是上述具体而多元的种种世间事物，而是那作为总体存在的人和宇宙共在的本身。正因为此，美学成了第一哲学。

"第一"是什么意思？基础、本源、重心。在西方哲学史，希腊和中世纪是以本体论为哲学的重心，Aristotle 称有关"存在"的知识即本体论（ontology）为第一哲学。

> 自 Bacon、Descartes 到 Kant，认识论是哲学的重心。但今日认知科学已逐渐在取代这个重心。认知科学实证地阐明人的认知过程、功能及特点，具体揭示人的智力结构（文化心理结构的一个方面），无须哲学外加干预。因之，今日哲学提出"内在自然人化"、"理性内化"、"自由直观"、"以美启真"这些总观念也就足够了。到 Wittgenstein 止，哲学似乎大体完成了它在认识论方面的使命。
>
> 至少从存在主义开始，当然也可以从 Kant 算起，哲学重心已经转移到伦理学。但伦理学今天实际也已一分为二，即以"公正"（justice）、"权利"（human rights）为主题的政治哲学-伦理学，和以"善"（Goodness）为主题的宗教哲学-

伦理学。[1]

当前还是伦理学为哲学重心的世界，以美学为重心的人自然化，也许在 50 年以后？也大概将在今日正方兴未艾的各种职业伦理学以科学形态逐渐取代哲学伦理学之后。[2]

作为重心的伦理学，在今日全世界正走向社会巨大变迁的新阶段中，政治哲学又日益成为重中之重，将充当当今的"第一哲学"。伦理学－宗教哲学倒可以与美学合流，特别是在中国传统背景下，但它作为重心至少恐在五十年以后[3]。所以，本文讲的美学作为"第一"只是未来式。俱往矣，美的历程只是指向未来的。

已多次申述，自 Hegel 将理性高扬至顶峰后，作为巨大反动，人的感性存在、感性生命成为哲学的聚焦。Marx、Nietzsche、Freud、Dewey and Heidegger，都如此。历史本体论承续着这一潮流，将美学作为第一哲学，正是将人的感性生命推到顶峰。它以为不是认识，不是道德，不是心、性、理、气、道，不是上帝、灵魂、物质、绝对、精神，而是多元且开放的情感，才是生命的道路、生活的真理、人生的意义。它不可能定于一尊。作为文化积淀，不但因人而异，而且变化多端。它以"以美启真"、"以美储善"和"审美优于理知"来实现个体生命

---

[1] 拙作《己卯五说》中《说天人新义》。
[2] 同上。
[3] 另一方面，中国传统的宗教性道德，以天（敬天法祖）、地（厚德载物）、人（世间关系）的和谐来指导现代原子个人和契约基础上的社会性道德，达到"乐与政通"、"乐以政成"的理想境地，又正是"美学作为第一哲学"构成中国政治哲学重要特色并对人类文明能作贡献之所在。

的潜能和力量。

从本文上下篇可以看出，如用古典词汇，人类学历史本体论以"美—善—真"的历史（发生学）和逻辑（"度"的自由运用—道德律令的理性凝聚—认知建构的理性内化）的次序而展开。这虽稍有异于上世纪五六十年代的"真（客观世界）—善（主体实践）—美（两者的统一）"[1]，却并无矛盾冲突。差异在于，原位置的客观世界（真），今日被代之以"物自体"。历史本体论本来自 Marx、Kant 和中国传统，又不同于它们。不同于 Marx 仅着重人的社会存在，而忽略了个体心灵。不同于 Kant 将心理形式归于超人类的理性，忽略了它的历史生活根源。不同于中国传统过分偏重实用，忽略了抽象思辨的极端重要性。另一方面，它又融合了三者。总起来说，历史本体论通过"实用理性"和"乐感文化"所提出的是，在现代生活中全面实现个性潜能的心理建设问题。如上篇所认为，中国本无西方的哲学（philosophy），中国"哲学"是一种"先验心理学"(psychology apriori)。如上已说明，这不是对心理作实证科学研究的经验心理学，而是给心理经验以先验形式设想和形上探求。它从心理视角提出人生意义、生活价值、人道天道等哲学问题。

《论语今读》说：

从"逝者如斯夫"等处,可知儒学重视的是动、行、健、活、有,而非静、寂、默、空、

---

[1] 拙文《美学三题议》,载《哲学研究》1962 年第 2 期。

无。如果说本体，则应是前者而决非后者，这才能与"生生之谓易"的"人活着"根本精神接头。静、寂、默、空、无，只作为个体的某种体认境界和人生省悟来补充、丰富这个动、健、活的"本体"。这正是儒道(禅)互补。……虽言断意绝，而此心却存。[1]

此"心"不是那"寂然不动"的抽象的"心"、"性"、"理"，而只是运动、变化、具体、多元的"情"。美学之所以成为第一哲学，缘由在此。《论语今读》阐释"人能弘道，非道弘人"时说：

> 由"伦常日用之道"上升为"于穆天命"的"道"。这"提升"当然是一种"假设"和"约定"。但又不能说它是"假设"、"约定"，相反，为了它的神圣和尊严，必须说它是"先验"、"先天"，不需推理而由良知、顿悟去体验去认识，但它又毕竟不是人格神。因之，我以为最值得重视的是，这种"假设"和"约定"使这本体和人生具有十分浓重的悲剧性质。人生一无所本，被偶然扔掷在此世间，无所凭依，无所依归（因为没有人格神），只能自己去建立依归、凭据和根本，比起有一个外在的上帝，这岂不更悲苦、更凄怆、更艰难、更困苦？充满人文精神的中国乐感文化，其实有这样一种深层的悲剧基础，而并不是"忧乐圆融"的"喜陶陶"。但这要点一直没有被充分阐释，这个悲剧性的方面经常被引向敬畏的"天命"的准人格神方向，或引向所谓"忧

---

[1] 拙作《论语今读·7.2 记》。

患意识"的政治社会方向。只有在《古诗十九首》之类所谓"一字千金"的人生咏叹中,才略约展示出这种深深的人生无所凭依的本体悲哀。

儒家对待这悲剧,是强打精神,强颜欢笑,"知其不可而为之",故意赋予宇宙、人生以积极意义,并以情感方式出之。我已多次说过,一切"乾,元亨利贞"、"天行健"、"天地之大德曰生"、"生生之谓易"等等都不是理知所能证实或论证的,它只是人有意赋予宇宙以暖调情感来作为"本体"的依凭而已,即所谓"有情宇宙观"是也。

儒道两家都从"人道"到"天道",由功能建实体,以人事见天意,认审美为指归,一以情,一以智,都是实用理性和乐感文化的呈现。……审美因为由全身心所发动并作用于整个心灵,便可以转化为实现人的各种潜能、品质、性格的积淀物,从而使个体成为创造的主体。[1]

《论语今读》还说:

二十世纪的各派哲学均以反历史、毁人性为特征,于是使人不沦为机器,便成为动物。如何才能走出这个厄运?此本读提倡情感本体论之来由。"情"属"已发",所以情感本体论否认"未发"、"静"、"寂",认为离开"动"、"已发"、"感"来谈"静"、"未发"、

[1] 拙作《论语今读·15.29 记》。

"寂"便是"二本"。"感不离寂,寂不离感。舍寂而缘感,谓之逐物;离感而守寂,谓之泥虚"(王龙溪《致知议辨》)。前者"逐物"乃自然人性论,已失去作为本体的情感意识;后者乃天理人欲论,也失去作为情感的本体,所以说是"泥虚",即以虚无的"理"来杀人也。"理"、"性"为虚为无,自然界的循环如无人在,亦虚亦无。对实用时间消逝("无")之情感体验才"有"。废墟、古物之意义正在于此:它活在人的情感中,而成为有。"人均有死"乃一抽象命题,每个人都还活着才具体而现实,对此活之情感体验才"有"。这才是"此在"之真义。[1]

这个哲学-先验心理学的形而上学的前提,就是"物自体"。认识论结尾说,设定"物自体"是认识自然和宇宙的逻辑必要条件,使"以美启真"成为可能。此篇("乐感文化的情本体")的结尾,则将设定"物自体"作为供人选择而皈依的情感—信仰的充分条件,使"以美储善"成为可能。前一设定与人的认识和工具-社会本体相关;后一设定与人的行动和心理-情感本体相关。这两个设定与 Kant 认识论的两个先验的 x,特别与 Kant"物自体"作为经验来源和信仰对象的两重基本含义(即《批判》所说认识论的第一层含义和伦理学的含义)倒相近似。但它不同于 Kant 由先验理性而导向道德的神学,更不同于以人格神为中心的各种宗教,因为工具本体和心理本体都产生于人类实践过程之中。

因之,所谓"物自

---

[1] 拙作《论语今读·9.17记》。

体"最终涉及的并非人格神而是宇宙及其为何存在的古老问题。Bertrand Russell说,宇宙作为整体,无原因可言。我以前指出这是误用语言和观念的缘故,将产生在这个世界的因果范畴("为什么")误用于世界本身。中国传统对此也有所论说。王弼说,"自然者,无称之言,穷极之辞也"[1]。自然即是宇宙,所以"道法自然","道"(人道、天道)在"自然"之"下"。又说"物无妄然,必由其理……故繁而不乱,众而不惑"[2]。这指的是"自然"有规律性。郭象则认为"物各自然,不知所以然而然","明生物者无物","物皆各有宗极,而无使之者。故自然即自尔也"[3],即强调自发存在,而不肯定规律和因果。他们讨论的,也正是存在性(本体性)和规律性(因果性)的问题。宇宙–自然的秩序井然的规律性,如上篇所说,可以与人类实践有关;但它的存在性(本体性)是否与人的存在相关联呢?这却难以回答。规律性可讨论,存在性是个谜。它即是不可知的"物自体"。Heidegger、Copleston等提出"为什么有有而无无"? Wittgenstein说,神秘的是世界如此存在。Augustine认为,这个奇迹证明了上帝。他们都在说这个无可解答的宇宙"存在"问题。但为什么明知不可谈,却还要不停地再问再说呢?这就是由于这个包含人类却又超乎因果的"存在"庞然大物,成了人们敬畏崇拜的情感—信仰的对象或境界。面望灿烂星空,回思浩渺宇宙,在情感感受以及观念上,能

[1] 王弼:《老子》第25章。
[2] 王弼:《周易略例·明象》。
[3] 郭象:《庄子注》。

够替代和超出"万相皆空"的,大概也只有这种对一己和人类渺小的深深感触。这里似乎也只有两种选择,一是 Plato 式,也包括唯物论,即承认、相信和信仰一个等待着人去发现、认知的"理式"世界。一是 Kant 式,人尽管把自己各项先验形式置于其上而获得认知、发现,它本身仍然是不可知的。本书采取的是后一立场,但也赞赏前者。因为两者都肯定了对一个巨大的情感和美学的存在体的"信仰"或"感(享)受"。这"信仰"或"感(享)受"的不是有意志有目的的人格神,而即是那奥秘多端无垠存在的宇宙自身,也即是那"人和宇(空)宙(时)的物质性协同共在"。宇宙不是上帝创造的,宇宙本身就是上帝,就是那神圣性自身。它似乎端居在人间岁月和现实悲欢之上,却又在其中。人是有限的,人有各种过失和罪恶,从而人在情感上总追求归依或超脱,这归依超脱就可以是那不可知的宇宙存在的"物自体"。这就是"天",是"主",是"神"。

Kant "相信"这个"神"[1],Einstein "相信"这个"神"[2],中国传统也"相信"这个"神"。这个"神"既可以是存在性的对象,也

[1] "上帝在 Kant《判断力批判》中最终就明确地变成一种完全失去客观存在的性质,而纯粹是人们主观信仰的东西。"(拙作《批判哲学的批判》,第 10 章第 7 节)

[2] "Einstein 的哲学观点是相当混杂的,也有许多变迁。如果粗略地说,可大体概括如下:1. 相信不依存于人的自然规律的客观存在性质。2. 对这种客观规律性的信念即宗教感情(即 Spinoza 的上帝)。3. 对这种客观规律性的掌握不能通过感知,而是通过思辨,但须由感知来验证。4. 所以,非归纳(经验),也非演绎(逻辑),而是自由的想象才能发现这种客观规律,并不断创造简单明了的基本概念来表述。Einstein 徘徊在唯理论与经验论之间和寻求这二者的统一这一基本状况,与 Kant 是颇为近似的。"(拙作《批判哲学的批判》,第 4 章第 6 节)

可以是境界性的自由；既可以是宗教信仰，也可以是美学感（享）受，也可以是两者的混杂或中和。你看，"一昼一夜，花开者谢，一秋一春，物故者新"。继冬雪无声严寒肃杀之后的，又仍然是杏花春雨，江南草长。"自然界永远按时作息，总是这样殷勤感人"[1]，即使这是人类实践将认识置放其上，但那存在着的存在本身，如不执着解说为空无，不仍然可以是"此中有深意，欲辩已忘言"吗？"问余何事栖碧山，笑而不答心自闲。桃花流水窅然去，别有天地非人间。"这种审美的"自由感（享）受"不也可以就是"人和宇宙共在"的"天地境界"和信仰本体吗？它是"理性凝聚"之后理性与感性的融通合一，是超道德而与天同一的解脱和自由。一切人生感喟、精神追求、心魂认定，不可以在这未及言说、不落因果的情理积淀中而得到某种"物自体"的超越感受吗？

　　哲学本只是视角，它制造概念以图把握人生和世界。古往今来好些哲学家希望通过思辨形式所提出的问题、视角、概念来影响生活情感和人生境界，总希望哲学与人们的生活、行为、实际、实践有所关联。在现代哲学中，Wittgenstein 与 Dewey 迥然不同，但 Wittgenstein 说，"概括我对哲学的态度便是：哲学真应该写如诗的作品"[2]，Dewey 则要求哲学"激发起人的心灵更加敏锐地对待他们的生活"[3]。在现代中国，冯友兰的"境界说"，牟宗三的"圆善论"，以及今日的历史本体论，也都追求哲学与人生情感相关联。"无

[1] 拙作《己卯五说》后记。
[2] Wittgenstein, *Culture and Value*, p.4—5.
[3] Dewey, *Reconstruction in Philosophy*, p.91—92, NY, 1920.

情亦无种,无性亦无生"。成"佛"也需要情,所以草木"不可度"。正是某种情感-信仰支撑着人去在、去生活、生存、"成佛"、"得救"。"佛"是人的潜在情感性的生长完成,这也就是"美育代宗教"之可能所在,也即是宇宙本身作为"物自体"的情感-信仰之所在。作为不可知的"物自体",宇宙与"佛"在这层意义上便同一了。

于是,美学作为"度"的自由运用,又作为情本体的探究,它是起点,也是终点,是开发自己的智慧、能力、认知的起点,也是寄托自己的情感、信仰、心绪的终点。上篇讲理知认知的形式,这篇讲情感-信仰的形式,而以人和宇宙物质性协同共在为归宿,成为人类学历史本体论。它以审美始(发明发现),以审美终(天地境界)。它肯定理性是人性形成的关键,展望理性更为广阔的未来。它尽管反对理性作为"本体"吞并认知和情感,但更反对现在正时髦和流行着的各种形态的反理性主义。它坚信科学发展将有益于人类,强调深入探究复杂多端的情理结构,因为这与人的个性潜能的健康发展和精神生命的情感真实有关。

(摘自《论实用理性与乐感文化》)

建立新感性(1988、2006)

人性心理本体

人从动物界脱身出来,形成了人性心理。这人性心理是通过社会群体的各种物质的和精神的活动而实现的。其中,如我所一直强调,原始人的物质生产活动和巫术礼仪活动,是人性形成的最为重要的基础。人性心理在这基础上,通过世代的文化承袭而不断丰富、巩固、变异和发展,并随着人际关系的扩展而获有越来越突出的人类普遍性和共同性。所以,人性心理并非先验的产物,也非某个圣贤先知的个体创作。

人从动物界走出来,是依靠社会群体。但群体又由各个个体组成。个体并不完全屈从于、决定于群体,特别是群体社会愈发展,个体的作用、地位和独创性便愈突出和重要。个体的这种主动和独创可以是对群体的既成事实和心理积淀的挑战、变革和突破,而当这种挑战、变革和突破逐渐为群体所接受或普遍化时,它便恰好构成了群体心理的事实和革新。群体与个体便这样处在辩证关系中,尽管这是理想化了的简单公式,现实和历史要复杂万倍。

我所说的"新感性"就是指的这种由人类自己历史地建构起来的心理本体。它仍然是动物生理的感性,但已区别于动物心理,它是人类将自己的血肉自然即生理的感性存在加以"人化"的结果。这也就是我所谓的"内在的自然的人化"。

如所提出,自然的人化包括两个方面,一个方面是外在自然,即山河大地的"人化",是指人类通过劳动直接或间接地改造自然的整个历史成果,主要指自然与人在客观关系上发生了改变。另一方面是内在自然的人化,是指人本身的情感、需要、感知、愿欲以至器官的人化,使生理性的内在自然变成人。这也就是人性的塑造。一个小孩如果不经过教育,不经过社会环境的塑造,就不能成长为人。如果小孩生下来被狼叼去,狼孩经过一段时间后,再也学不会语言,他(她)爬行,咬东西,也无所谓人性。因而我认为人性不是天生就有的。两个"自然的人化"都是人类社会整体历史的成果。从美学讲,前者(外在自然的人化)使客体世界成为美的现实;后者(内在自然的人化)使主体心理获有审美情感。前者就是美的本质,后者就是美感的本质,它们都通过整个社会实践历史来达到。

现在人们喜欢讲人性、共同美。我这里讲的共同人性,重复一下,是认为它并非天赐,也不是生来就有,而是人类历史的积淀成果。所以它不是动物性,也不只具有社会(时代、民族、阶级）性，它是人类集体的某种深层结构，保存在、积淀在有血肉之躯的人类个体之中。它与生物生理基础相关（所以个体的审美爱好可以与他先天的气质、类型有关），却是在动物性生理基础之上成长起来的社会性的东西。它是社会性的东西，却又表现为个体性的。我在1956年提出的"美感两重性"（社会功利性与个人直觉性），也正是指的这种积淀了的审美心理结构。所谓"积淀"，正是指人类经过漫长的历史进程，才产生了人性，即人类独有的文化心理结构，亦即从哲学讲的"心理本体"，即"人类（历史总体）的积淀为个体的，理性的积淀为感性的，社会的积淀为自然的，原来是动物性的感官人化了，自然的心理结构和素质化成为人类性的东西"（拙作《康德哲学与建立主体性的哲学论纲》）。这个人性建构是积淀的产物，也是内在自然的人化，也是文化心理结构，也是心理本体，有诸异名而同实。它又可分为三大领域：一是认识的领域，即人的逻辑能力、思维模式；一是伦理领域，即人的道德品质、意志能力；一是情感领域，即人的美感趣味、审美能力。可见，审美不过是这个人性总结构中有关人性情感的某种子结构。

如同人类创造了日益发达的外在物质文明的世界一样，人类的这个文化心理结构或心理本体也在不断前进、发展、创造和丰富，它们日益细致、丰富、敏锐和复杂，人类的内在文明由之而愈益成长。从儿童可以看出，任何种类的人类动作的形式结构（例如使用工具的动作）的获得，都绝不是一件容易的事。成人看得极为简单的几乎是本能性的动作（例如结绳、使用筷子），对儿童来说都要经历一个从学习到熟练的艰难过程。审美心理结构的获得，当更是如此。就人类说，它经历了漫长历史过程；就个人说，它必须有一个教育过程。而无论就人类发展或个体教育说，审美心理结构最初都是从活动中获得而后才逐渐转化、变形为静观的。就人类说，原始人的图腾歌舞是审美心理的最早的建构状态；就个人说，儿童的美育也应该从幼儿的游戏性劳作、歌舞动作活动开始，而后才进入对美术、音乐等等静观欣赏。总之，由活动到观照，这既是外在自然人化的行程，也是内在自然人化的行程，包括审美心理结构的历史产生过程（智力结构的形成可参考 Piaget 的著作）。它们本是同一人类史程的内外两个不同方面，它们同时进行，双向发展。

既然是历史的产物和成果，审美心理结构就不是一成不变的，而是随时代、社会的发展变迁在不断变动着。所以，这个共同人性和审美心理结构在具体历史条件下，总常有特定的历史的痕印，即具体的社会、民族、时代、阶级的特色。例如中国民族传统的审美心理结构，表现在艺术作品上，线重于色，想象重于感知，喜欢意在言外，强调情理和谐，带着长时期农业社会和儒道思想的痕迹。但民族性毕竟又是随着时代性而变化的，物质生活世界的变化迫使着精神、心灵及其结构相适应，从而心理诸因素的配置组合也必将变化。例如随着技术工艺和自然科学发达所带来的生活变迁，便使艺术中哲学意识、抽象理解和下意识的成分、因素都分外加重了。总之,随着历史的前进,随着整个人类心理结构的变化发展,人们在审美活动中的主观能动性愈益增大,每个人作为艺术家的习惯和能力在增强,审美的范围在扩大,艺术欣赏中的再创造程度不断提高,非美以至丑的对象日益容易变为审美对象,这既是反映现实世界中美的领域的扩大,也是表现心灵世界中审美能力的提高。它们标志着两个"自然的人化"的不断进展。

内在自然的人化,是我关于美感的总观点,它又可分为两个方面。

第一,感官的人化。Marx 在《1844 年经济学-哲学手稿》(下简称《手稿》)中说,人的五官是世界历史的成果。这即是说它们是由社会实践所造成的。如谈美的根源所说,人类的实践活动不同于任何一种动物生活活动的根本分界之所在,就是人在劳动生产中能使用和制造工具。当原始人制造工具时,就必须注意它们的功能和形态,并把它们联结起来,如能穿刺的尖形、能滚动的圆形等等,在对事物的功能、形态的把握中,透过形式看到它的价值意义,这就使人的感官更加复杂。例如,它不仅是比较被动的触觉,而是更为主动的动觉。

人的生产活动的面要比动物"生产"活动宽广复杂得多。人的活动不是单一的。从单一看,人有很多方面不如动物(没有动物的敏眼、锐牙、利爪、长腿、双翼、巨体、强力),人的本能的力量、能力要比好些动物差得多,但由于人是使用、制造工具的动物,在劳动生产中用工具改造自然界,涉及和揭示自然界的各种联系和矛盾,就要比动物宽阔得多,丰富得多。现实物质世界的各种各样结构、规律和形式日益深入和广泛地被揭示了出来,并首先保留、巩固、积累在这种劳动实践之中,这当然便直接作用于感觉、知觉、感受和情感等等人的感性存在和五官感觉,而与动物区别开来。人的眼睛不同于鹰的眼睛。鹰的眼睛比人的眼睛看得远,它在高空中飞翔,对地面上的细小东西看得也很清晰。从生物本能这方面比,人的眼睛大不如。而且,就人类自身说,现代人的眼睛也不同于原始野蛮人的眼睛,原始人在攫取动物时眼睛很锋利,这也是现代人所达不到的,这好像是一种生理性的退化。但另一方面,却又有极大的进步,鹰和野蛮人不能观赏高级的造型艺术。人类听音乐的耳朵,欣赏绘画的眼睛,拉小提琴的手,都是随着人类历史的发展而出现的,这种进化便不只是生物性、生理性的了。Da Vinci 的《蒙娜丽莎》,便不是野蛮人所能欣赏的。她的外貌所表现的内在的东西,非常丰富而微妙,不具有一定水平的"感受形式美的眼睛"是很难欣赏的。这也就是自然感官的人化。

感官人化的特点,从哲学上讲,就是 Marx 讲的感性的功利性的消失,或者说感性的非功利性的呈现,我认为这是 Marx 在《手稿》中的一个很深刻的思想,他十分强调人的感觉和需要与动物不同。动物的感官完全是功利性的,只是为了自己的生理性的生存。人的感官虽然是个体的,受生理欲望支配,但经过长期的

"人化",逐渐失去了非常狭窄的维持生理生存的功利性质,再也不仅仅是为了个体的生理生存的器官,而成为一种社会性的东西,这也就是感性的社会性。理性的社会性比较好理解,因为理性是指逻辑思维、伦理道德,总是和社会性相连。感性的社会性就比较难理解,因为感性总是具体地和个体的直接生存、欲望、利害相连,社会性似乎很不明显。美学要解决的恰恰是感性的社会性。Marx恰恰讲的是感性的社会性,感性的社会性是超脱了动物性生存的功利的。动物为了生存的需要,必须不停地觅食,不填饱肚子就无法生存。它们的感知器官完全是为了生存(当然还有生殖)而活动而存在。人恰恰与动物在这方面区别开来。人的感性不只是为了生存、生殖的功利而存在。正因为此,眼睛才变成了"人"的眼睛,耳朵才变成"人"的耳朵。Marx说:"因此,(对物的)需要和享受失去了自己的利己主义性质,而自然界失去了自己的赤裸裸的有用性,因为效用成了属人的效用。"(《手稿》)就是说,它们不再只是属于自然的、直接的、消费的关系,不再只是与个体的直接的功利、生存相关。对于一个饥饿的人,并不存在食物的"人"的形态。他跟动物吃食没有什么区别,这是有很深刻的道理的。中国吃饭筷子上常刻有"人生一乐"几个字,把吃饭当成是人的快乐与享受,不是纯功利性的填饱肚子。总之,是说人的感性失去其非常狭窄的维持生存的功利性质,而成为一种社会的东西。这也是美感的特点。它具有个体感性的直接性(亦即所谓直观、直觉、不经过理智的特点),但又不仅仅是为了个人的生存，它具有社会性、理性。所以，审美既是个体的（非社会的）、感性的（非理性的）、没有欲望功利的，但它又是社会的、理性的、具有欲望功利的。也就是说，审美既是感性的，又是超感性的。为什么味觉、嗅觉、触觉不能成为主要的审美器官，因为它与个体需要和享受直接关联得太紧密，带有直接功利性质，动物性的因素仍然很强。为什么视觉和听觉能成为主要的审美器官（包括在文学领域，也是与视觉、听觉相关的想象、表象最为发达），就是因为它失去了个体利己主义的性质，更多的是人化了的感觉，在这种感性中充满了社会性东西，它们已经成为社会人的主要器官。

第二，情欲的人化。这是对人的动物性的生理情欲的塑造或陶冶，与人是具有感性欲望的个体存在的关系极为密切。人有"七情六欲"，这是维持人的生存的一个基本方面，它的自然性很强。这些自然性的东西怎样获得它的社会性？例如"性"如何变成"爱"？性作为一种欲望要求，是动物的本能，人作为动物存在，也有和动物一样的性要求。但是动物只有性，没有爱，由性变成爱却是人独有的。像安娜·卡列尼娜、林黛玉的爱情，那是属于人类的。因此，人们的感情虽然是感性的，个体的，有生物根源和生理基础的，但其中积淀了理性的东西，有着丰富的社会历史的内容。它虽然仍然是动物性的欲望，但已有着理性渗透，从而具有超生物的性质。Freud 讲艺术是欲望在想象中的满足，正是看到了人与动物的这种不同。

《批判》再三说明了这一点。其中曾引 Marx 的话:"男女之间的关系是人与人之间的直接的、自然的、必然的关系。在这种自然的、人类的关系中,人同自然界的关系直接地包含着人与人之间的关系,而人与人之间的关系直接地就是人同自然界的关系,就是他自己的自然的规定。因此,这种关系以一种感性的形式、一种显而易见的事实,表明属人的本质在何种程度上对人说来成了自然界,或者自然界在何种程度上成了人的属人的本质。因而,根据这种关系就可以判断出人的整个文明程度。"[1] 这即是说:"性欲成为爱情,自然的关系成为人的关系,自然感官成为审美的感官,人的情欲成为美的情感。这就是积淀的主体性的最终方面,即人的真正的自由感受。"[2]

"审美就是这种超生物的需要和享受,这正如在认识领域内产生了超生物的肢体(不断发展的工具)和语言、思维即认识能力,伦理领域内产生了超生物的道德一样。人性也就正是这种生物性与超生物性的统一。不同的只是,认识领域和伦理领域的超生物性质经常表现为感性中的理性,而在审美领域,则表现为积淀的感性。在认识领域和智力结构中,超生物性表现为感性活动和社会制约内化为理性;在伦理和意志领域,超生物性表现为理性的凝聚和对感性的强制,实际都表现为超生物性对感性的优势。在审美中则不然,这里超生物性已完全溶解在感性中。它的范围极为广大,在日

---

[1] Marx:《1844 年经济学-哲学手稿》,何思敬译,北京:人民出版社,1963 年,第 85 页。

[2] 拙作《批判》(修订本),人民出版社,1984 年,第 435 页。

常生活的感性经验中都可以存在，它的实质是一种愉快的自由感。所以，吃饭不只是充饥，而成为美食；两性不只是交配，而成为爱情；从旅行游历的需要到各种艺术的需要；感性之中渗透了理性，个性之中具有了历史，自然之中充满了社会；在感性而不只是感性，在形式（自然）而不只是形式，这就是自然的人化作为美和美感的基础的深刻含义，即总体、社会、理性最终落实在个体、自然和感性之上。Marx 说，'旧唯物主义的立脚点是市民社会；新唯物主义的立脚点则是人类社会或社会化了的人类'[1]。马克思主义的理想是全人类的解放，这个解放不只是某种经济、政治要求，而具有许多更为深刻的重要东西，其中包括要把人从所有异化的状态中解放出来。美和审美正是一切异化的对立物。当 Schiller 把'游戏冲动，作为审美和艺术本质'时，可以说已开始了这一预示。人只有在游戏时，才是真正自由的。"[2]

总起来说，美感就是内在自然的人化，它包含着两重性，一方面是感性的、直观的、非功利的；另方面又是超感性的、理性的、具有功利性的。这就是我 1956 年提出的"美感的矛盾二重性"。从那时起，我就一直认为，要研究理性的东西是怎样表现在感性中，社会的东西怎样表现在个体中，历史的东西怎样表现在心理中。后来我造了"积淀"这个词，就是指社会的、理性的、历史的东西累积沉淀成了一种个体的、感性的、直观的东西，它是通过"自然的人化"

---

[1] Marx,《关于费尔巴哈的提纲》，见《马克思恩格斯选集》第 1 卷，北京：人民出版社，1972 年，第 18 页。

[2] 拙作《批判》第 10 章第 8 节。

的过程来实现的。这样,美感便是对自己存在和成功活动的确认,成为自我意识的一个方面和一种形态。它是对人类生存所意识到的感性肯定,所以我称之为"新感性",这就是我解释美感的基本途径。一句话,所谓"新感性",乃"自然的人化"之成果是也。

Marcuse 也提出过"新感性",但他讲的"新感性",似乎是对 Marx《手稿》的一种误解。他把"新感性"作为一种纯自然性的东西,所以他讲的性爱、性解放,实际是主张性即爱,性的快乐本身就是爱。记得我年轻时看 Gorky 的《克里姆·萨姆金的一生》第一卷末尾,那个女孩在第一次性经验时想,这就是朱丽叶所希望而没有得到的吗?细节完全记不清楚了。但这一点似乎没忘记。当时我感觉她提出了一个很有意思的问题,即性与爱的关系、二者的共同和差别问题。在现代,"爱"这种罗曼蒂克被一些人认为早已过时了,只堪嘲笑,因之强调的完全是性的快乐。性的快乐当然重要,它在中国长期遭到封建禁欲主义的过分压抑,值得努力提倡一下。而且性的快乐(做爱)也有人的创造,并非全是动物本能。但它毕竟不是人类心理发展的全貌。从整个文化历史看,人类在社会生活中总是陶冶性情——使"性"变成"爱",这才是真正的"新感性",这里边充满了丰富的、社会的、历史的内容。性爱可以达到一种悲剧感的升华,便是如此。同时它也并不失去有生理基础作为依据的个体感性的独特性。每个人的感性是有差异的。动物当然也有个性差异,但这种差异仍然只服从于本能地适应自然。人类个性的丰富性由社会、文化和历史而更突出，所谓"性相近，习相远"，"差之毫厘，谬以千里"，从而"新感性"的建构便成为极为丰富复杂的社会性与个体性的交融、矛盾和统一。

原始积淀

什么叫"原始积淀"？原始积淀，是一种最基本的积淀，主要是从生产活动过程中获得，也就是在创立美的过程中获得，即由于原始人在漫长的劳动过程、生产过程中，对自然的秩序、规律，如节奏、次序、韵律等等掌握、熟悉、运用，使外界的合规律性和主观的合目的性达到统一，从而才产生了最早的美的形式和审美感受。也就是说，通过劳动生产，人赋予物质世界以形式，尽管这形式（秩序、规律）本是外界拥有的，但却是通过人主动把握、"抽离"作用于物质对象，才具有本体的意义。虽然原始人群的集体不大，活动范围狭隘，但他（她）们之所以不同于动物的群体，正在于这种群体是在使用、制造工具的劳动生产过程中建立起来的"社会劳动"关系。只有在这种社会性的劳动生产中才能创建美的形式。而和这种客观的美的形式相对应的主观情感、感知，就是最早的美感。它们也是积淀的产物，即人类在原始的劳动生产中，逐渐对节奏、韵律、对称、均衡、间隔、重叠、单复、粗细、疏密、反复、交叉、错综、一致、变化、统一、升降等自然规律性和秩序性的掌握、熟悉和运用，在创立美的活动的同时，也使得人的感官和情感与外物产生了同构对应。动物也有同构对应，但人类的同构对应又由于主要是在长期劳动活动中所获得和发展的，其性质、范围和内容便大不一样，在生物生理的基础上，具有了客观社会性。这种在直接的生产实践的活动基础上产生的同构对应，也就是"原始积淀"。

在最原始的生产中，从人类利用最简单的工具如石器、弓箭等等开始，在这种创造、使用工具的合规律性的活动中，逐渐形成了人对自然秩序的一种领悟、想象、理解、感受和感情。而当在改造客观世界中达到自己的目的，合规律性与合目的性在感性结构（劳动活动本身）中得到统一时，其中虽已包含着朦胧的理解、想象和意向，但它首先却表现为一种感知状态，表现为感觉、知觉，它可说是人类精神世界的史前史，这即是"原始积淀"。可见，在这种原始的积淀中，已在开始形成审美的心理结构，即人们在原始生产实践的主体能动活动中感到了自己的心意感知与外在自然（不是具体的自然对象，而是自然界的普遍形式规律）的合一，产生审美愉快。由此，应得出一个结论——审美先于艺术。

最早的美感并不在艺术，但后代以及现在的生产活动和原始时期已有很大的不同，那么后代以及现代人的审美是否还包含着"原始积淀"？我们现在对自然规律的掌握，已经远远超过几千年几万年以前的水平，不像以前那么简单了，我们的"艺术"与生产劳动的关系也已经不是那么简单直接了，但是，里面还有一些基本的东西，如艺术作品中的时空感、节奏感等等，便仍然有这个从社会生产实践和生活实践中吸取、集中和积累的"原始积淀"问题。

例如，人类在实践活动中所获得的时空感是与动物不同的。尽管动物也可以有某种定向反映之类的时空感觉，但这只是动物感官的生理反应，与人的时空感知或观念有本质的不同。人类的时空感或观念是实践的成果，是在历史性的社会关系制约下，由使用—制造工具而开创的主动改造环境的基本活动所要求、所规定而积淀形成的。它们超出了仅仅是感官反映的感觉性质，而成为某种客观社会性的原始积淀，并随历史而演变。例如，在远古，原始人的时空感如孩童般的混杂不清，"绵延"一片，随着社会的进步，才开始有了初步的区分形式，但人们的时空观也还经常与现实生活中的某些特殊事物、特定内容纠缠在一起，例如时间就是季节或节令，空间就是方位（东、西、南、北），还没有比较抽象的普遍的形式。农业社会、工业社会以及未来的信息社会，人们的时空感知各不相同，从而对艺术内容和形式，例如节奏感，便有很大影响。大家都熟悉，农业社会的艺术节奏与今天有很大不同。可见，不是动物性的个体感知，而是社会性的群体实践的间接反映，才是人类时空感知和其他感知的真正特性。它们构成了某种原始积淀，突出地呈现在艺术作品中。

为什么不同时代不同民族有不同的工艺品和建筑物？为什么

古代的工艺造型、纹样是那样的繁细复杂，而现代的却那么简洁明快？这难道与过去农业小生产和今天的工业化大生产、生活、工作的节奏没有关系？为什么当代电影的快节奏、意识流以及远阔的现实时空感和心理时空感，使你感到带劲？因为这种时空感和节奏感呈现了一个航天飞行的宇宙时代的来临，它有强烈的现时代感。这些便是属于艺术形式感知层中的原始积淀问题，即主要是呈现在艺术外形式中的时代、社会的感知积淀。所以,所谓"天人合一"远不仅是优雅、悠闲的"独坐幽篁里，弹琴复长啸"、"小桥流水人家"、气功、太极、山水画，而且也可以是迅速勇猛的"可上九天揽月，可下五洋捉鳖"、赛车、急漂等之中的速度感、时空感、力量感（参阅拙作《中国古代思想史论》）。

艺术家的天才就在于去创造、改变、发现那新的艺术形式层的感知世界。记得 Goethe 说过，艺术作品的内容人人都看得见，其含义则有心人得之，而形式却对大多数人是秘密。对艺术的革新，或杰出的艺术作品的出现，便不一定是在具体内容上的突破或革新，而完全可以是形式感知层的变化。这是真正审美的突破，同时也是艺术创造。因为这种创造和突破尽管看来是纯形式（质料和结构）的，但其中却仍然可以渗透社会性，而使之非常丰富充实。Rudolf Arnheim 的理论强调的也是这一点，即指出用感知形式所表达的内容与心理情感产生同构而具有力量。在日常生活中，合十表示诚灵、躬腰代表礼敬、头颅上抬或下垂表现高傲或谦卑，不同语言和不同文化都可领会；艺术正在把这种"人同此心，心同此理"的结构形式发掘、创造、组织起来，使感知形式具有"意义"。可见艺术作品的感知形式层的存在、发展和变迁，正好是人的自然生理性能与社会历史性能直接在五官感知中的交融会合，它构成培育人性、塑造心灵的艺术本体世界的一个方面，尽管似乎还只是最外在的方面或层次。

照相之所以永远不能替代再现性绘画，原因之一便是人手画的线条、色彩、构图不等同于自然物，其中有人的技巧、力量、线条、笔触等纯形式因素，能给人以远非自然形式所能给予的东西。齐白石、Matisse的色彩便不是古典的"随类赋彩"，并也不是自然界的色彩，而是解放了的色彩的自由形式，是人的自由形式。它不只有装饰风格，而且有深刻的意味。即是说，它直接显示人，显示人的力量，从而使构图、线条、色彩、虚实、比例……本身具有艺术力量和审美意义。

因之，艺术作品的形式层，在原始积淀的基础上，向两个方向伸延，一个方面是通过创作者和欣赏者的身心自然向整个大自然（宇宙）的节律的接近、吻合和同构，即前讲中讲到的所谓"人的自然化"，这不但表现为如中国的气功、养生术、太极拳之类，同时也呈现在艺术作品的形式层里，前面讲到的"气"以及所谓"骨"、"骨力"等等，都属此范围。它们并不是自然生理的生物性的呈现，而仍然是经过长期修养锻炼（从孟子的所谓"养气"到后世的所谓"骨气"）的成果。艺术作品的形式层这个方面极力追求与宇宙节律的一致和同构，中国美学所强调的"道"，以及"技进乎道"、"鬼斧神工"、"虽由人作，宛自天开"等等，都是说的这一方面。这一方面完全不是自然生理的动物性的表现或宣泄，而恰恰是需要通过长期的高度的人为努力才可能达到。虽自然，实人力，人通过自己的刻苦努力，才可能去"参天地，赞化育"。中国诗文书画的大量材料都在说明这一特点。

形式层另一方面的伸延则是它的时代性、社会性。这种时代性、社会性已不同于原始积淀，却是与原始积淀有或多或少联系的时代、社会所造成的形式变异。这种变异当然与社会心理有关。

例如，W.Worringer 所揭示的现代艺术的抽象形式，与当代社会生活及社会心理密切攸关。R.Wellek 曾谈论各种文体与社会心理的关联[1]。H.Wofflin 从形式方面揭示了文艺复兴时代和巴洛克时代的造型艺术的不同风格特征，一种是稳定的、明晰的、造型的、理智的……一种是运动的、模糊的、如画的、感受的……前者处于心灵欢乐的时代，后者处于心灵隔绝的时代[2]。不同时代之所以有不同风格、不同感知的形式的艺术，由于不同时代的心理要求，这种心理要求又是跟那个时代的社会政治生活联系在一起的。在我国古代的文艺现象中，五言为何变七言，七言之后为何又有长短句（词）？诗境、词境、曲境的不同究竟在何处？为什么绘画中以青绿山水为主演化为以水墨为主？为什么工笔之外，还要有泼墨？这种种看来似乎只是外感知形式的变化，实际有其内在的心理－社会的深刻原因值得深究。例如

[1] 参看 R.Wellek, *Literary Theories*。
[2] 看 H.Wofflin, *The Principles of History of Art*。

诗词都比较强调含蓄，曲却要求酣畅痛快。宋词之所以让位于元曲，是因为在元朝统治下知识分子的地位太低下，加上温柔敦厚的儒家教义的控制削弱，于是他们的满腹牢骚满腔悲愤便能无顾忌地痛快发泄，使曲境变而为畅达。总之，社会性通过艺术形式层诉诸感知，构造着某一时代社会的心理本体；同时反过来说，这一时代社会的心理情感本体也就凝冻地呈现在艺术作品的形式感知层中，又不断流传下来，不断影响着、决定着人们的心理和感知。这就构成了艺术形式层的传统。

E.H.Gombrich 的美术史研究清晰地验证了造型艺术的形式层对视知觉的历史性的构造，不但一定的形式感知与一定的历史社会相密切联系，而且后代的艺术的形式感知也总是在前代基础上的继承和延续。不同时代、社会由于社会的、宗教-伦理的、政治的、商业的……不同原因，而产生艺术形式感知层的不同的节奏、韵律、比例、均衡等等，同时在这种变异、不同中却又有某种延续性、继承性、沿袭性。从而，一部艺术风格史便正好是一部人类的或民族的感知心理的历史。

这部历史包含了原始积淀的劳动基础方面，也包含了向自然伸延的宇宙同构的方面，还包含了社会具体生活以至意识形态（宗教、伦理、政治、文化……）的影响方面，这三个方面又是那样错综复杂地在交织组合，形成一幅幅极为壮观的审美图景，不断地共同地建构着这个艺术主体亦即人类心理-情感本体的物态化的客观存在。它们正是人类的心理—情感的现实的伟大见证。艺术风格史的哲学美学的意义，就在这里。

（摘自《美学四讲》）

人性与审美形而上学

"人性"是中外古今用得极多而极为模糊混乱的概念。它有时指人的动物性或人的感性欲求，如指责禁欲主义"扼杀人性"；有时又指人的社会性或人的理性特征，如指责纵欲主义"行同禽兽"。如以前拙文所认为，人性不是神性（因人有维系动物性生存的生理需要），也不是动物性（因人有控制、主宰生理需要的力量或能力）。人性是这两方面的各种交织融合。"人性"概念之所以模糊含混，就因为这两方面的"交织融合"非常繁复，难以厘清。

拙文《情本体、两种道德和"立命"》所提的"人性能力"，主要就人之所以不同于动物的道德心理而言。我所讲的"人性能力"除了"理性凝聚"这一人的道德心理、意志力量即"自由意志"之外，还有"理性内构"（原作"理性内化"，今改此词）即人所拥有而区别于动物的理性认识能力，如逻辑、数学、辩证观念（见《批判》和《实用理性与乐感文化》）和以"理性融化"（以前用"狭义的积淀"，今改此词）为特征的审美能力。所有这些能力都只是一种心理的结构形式。形式不能离开"质料"（Aristotle）或"内容"（Hegel），质料或内容则由社会时代所提供而不断发展变易，"形式"也正是在这不断变易发展的长久历史中所积淀而形成和发展，并非先有此形式或"人性"乃上帝神明所赐予。这是历史本体论不同于一切先验论、形式论之所在。

已多次说明，在认识（理性内构）和道德（理性凝聚）中，理性的控制、主宰占据上风。动物性生理素质、需求因素常被压而不张。与它们有很大不同，作为"理性融化"，审美中的理性不居主宰地位，从而人的动物性和人的个体性在审美中便远为鲜明和突出。理性与感性的关系、结构和状态，在审美中也远为复杂和多样。这使审美在整个人性形成和发展中具有了独特的开放性和可能性。本来，个体因先天禀赋和后天教养不同，即使由同一理性主宰（内构和凝聚），人性能力（认识能力和道德能力）便各有不同。面对同一生死祸福的选择、决定，面对同一事物的认识、理解，人们经常很不相同。这里有善恶智愚之分，但这一区分也仍然是通由理性规范和理性标准来确认的。

审美能力却不然。由于并非理性主宰感性，而是理性融化在感性中，它失去了可能遵循的理性规范。尽管审美与生理快感仍然不同，审美快乐不同于吃饱穿暖等动物性生存需求得到满足的生理快乐，但仍与纯理性的快乐（包括追求知识、科学发现的知性愉快和履行义务、实现道德的精神满足）不同。审美一方面与人的感性生存的基本力量如性、无意识、暴力（Nietzsche所谓"毁灭的快乐"，某些宗教徒的"受虐快乐"）等等相关联，人类基因和脑科学的研究将使未来对人性的这种动物性方面获得更多的了解甚至改进。另方面，它又可以是某种超感性生存的心理境界或状态，包括神恩天启、天人合一的神秘经验等等，它们也将为未来科学所研究或解密。

审美作为这种人性能力的特征，如前所述，Kant 早已指出，却不断被人误解。例如当代美学对 Kant 无功利说的排斥和反对。

就广义说，作为生理族类，人的几乎任何活动和心理，一般都是有关、有助、有益、有利于人的生存需要，从而是"功利"的，它甚至可以包括人的无意识、做梦等等。当然审美于此也不例外。但就狭义说，人的活动和心理却可以有两种超功利超因果的样式。一是超出个体（一己小我）功利，如道德伦理的行为和心理。这种超一己功利的活动和心理，仍由理性主宰决定，仍有概念、目的和某种大功利（如为了上帝或为了民族、国家、群体的利益而献身）。

另一种是包括这些大功利、概念、目的也没有的活动和心理，这就是审美。Kant 的审美"非功利"所描述的便是这种心理特征，它与"无概念"、"无目的"连在一起，不可分割。它构成了人所特有的 Common Sense（共通感），即一种特有的人性能力和人性情感。这可以是人性的某种最高成果。

之所以说它可以是人性最高成果，不但是由于它超越了一般的个体功利，而且也超越了舍己为人（或为上帝）的道德目的，而是一种"非目的的合目的性"。这个所谓的"非目的的合目的性"指向的正是人的全面成长，即人的各项内在功能的开拓和实现，它蕴涵了我所谓的"以美启真"、"以美储善"和"以美立命"。

所谓"以美启真",即在审美双螺旋结构中由自由想象的审美感受可以导致科技认识的发现和发明。所谓"以美储善",是由审美感受导致情本体和物自体的信仰与追求,人由是于生死可以无所住心无所烦畏而"立命"。所有这些,在《论实用理性与乐感文化》等文中均有论述。该文提出美学作为"第一哲学",就是因为审美既是人性能力的最初萌芽,却又可以是不断发展成长的最高成果,它是人性中最为基本而又最为开放的部分。它之所以开放,正是由于非确定概念所能规范、非理性目的所能主宰,而是充满了各项心理要素相交织、渗透、融合、冲突,以不确定性、无规范性为特征,从而开辟了多样可能的缘故。

总之,我着意讨论的人性能力、人性情感等问题,是一种形式结构,我以为脑科学将来可以作出根本性的解答。例如"理性凝聚",其生理基础可能即是大脑中枢神经的认识-思维区域对情感—意志区域某种特殊通道的建立。这通道是经由实践(人类)和教育(个体)的长期过程才形成。这就是我所谓的文化心理结构或积淀形式或人性能力和人性情感。"理性内构"和"理性融化"同此。其中,作为"理性融化"的审美,我以为,其神经通道最基本,又可以发展得最复杂最开放。这即是前科学形态的先验心理学即历史本体论的哲学视角。历史本体论和实践美学认为,它们都出于人类文化,而非来自上帝神明,并认为这种心理结构形式的建立对人之所以为人十分关键,从而它应为教育学提供深刻的理论依据。这是新人性论的核心课题。

《美学四讲》等拙作曾认为，审美（或美感）本与艺术无干，它出现在人类使用—制造工具的操作—劳动过程中，即生存个体在实现目的的活动中与某些自然规律的重合时所产生的身心快慰感受或情感。它之所以区别于动物的同类快感，在于使用—制造工具的操作活动所拥有更多种类的心理功能在这里得到了确认。其中，要特别提到的是想象功能和理解功能，由于它们与动物本能性的情欲和感知觉产生了更为复杂的组合、交织、渗透，便逐渐形成了变化多端似乎难以穷尽的心理结构，即我所谓的"审美双螺旋"。虽然这只是哲学假说，所谓情欲、感（知）觉、想象、理解四要素（见拙作《美学四讲》），也只是非常粗糙疏略的**心理集团**的称谓，其中还有更为繁复细密因素的关系和结构，这将是今后百年生理学－心理学等实证科学研究的问题。

作为所谓审美对象化的艺术，从古至今，并不只有审美作用，它更主要是社会功利的。有时明显一些，有时隐晦一些而已。今日被认为仅供观赏的"艺术"，如礼仪性的古代舞蹈、建筑、雕刻、绘画等等，在当时都具有非常明确的功利目的。它们作为精神的信仰、寄托，费时费工地人为制作出来，我曾称之为"物态化生产"，即精神生产，与供人们现实生存的"物质生产"相映对。只是随着时间流逝，这种物态化生产品的功利内容和目的性质日益失去或褪色，变成了所谓的"艺术"或"艺术作品"，即成为仅为调动"美感双螺旋"的审美对象。由于在这种专为精神心理需要（信仰、寄托、鼓舞、慰安等等）的符号性的物态化生产中，**美感四要素集团交织渗透的组配**得到了比在使用—制造工具的物质生产活动中远为自由、充分的开拓和发展，即这种组配有更强烈的情欲冲动、更刺激的感知、更自由的想象和更复杂的理解，使这种符号性即物态化的精神生产，标志着人类心理的质的飞跃。它作为"美感双螺旋"的独立对象化的艺术"形式"，使人类最终告别动物界。它最先是远古人类的舞蹈仪式活动以及随后的洞穴壁画、陶器纹饰、大小雕刻、庙堂建筑等等。

从字源学看，也如此。"艺术"（Art）一词，无论中西均源于技术。艺术本技术，指的是物质生产活动中的技术操作所达到人的内在目的性与外在规律性的高度一致。艺术是技术熟练的一种界定。有如庄子讲的"庖丁解牛"的著名故事，即"技进乎道"，亦即合目的与合规律、天道与人道纯然一体。

技术有多种多样，从下层工匠到上层贵族均可拥有。中国古代有"六艺"（礼、乐、射、御、书、数）。这些技艺由于合目的与合规律的一致，都包含有审美的因素，但由于其中的"美感双螺旋"一般都局促在专业活动的狭隘限制中，只有在上述巫术礼仪突破了物质实用要求，这些技艺才逐渐从非常实用的日常生活具体要求的局限中分离出来。所以，不是物质生产作品，如劳动工具、一般衣着或一般房屋，而是专门为精神需要的物态化生产、具有高度技艺的人工作品，更成为审美对象即"艺术作品"。

艺术的本源既离不开物质生产的技术和精神生产的符号，审美依附着这两层生产也不断发展。从历史看，作为专供审美观赏的 fine art，是在宫廷、贵族、士大夫庇护下成长起来，并且是比较晚近的事情。脱离"敦人伦，助教化"功利目的的中国文人画是宋元以来才有，西方摆脱信仰要求的艺术作品则更晚一些。所以，"艺术"一词是开放的，不能有统一的定义。**从美学说，能提供审美经验的人工作品即艺术。在这里，审美经验仍然是核心。**什么是审美经验，就是前述的"四要素集团"的心理活动。

简而言之，艺术与审美并不同源，却有关联，即艺术的物质形式方面（身体的动作与状态、物质的材料、色彩与结构等等）均由集中、提炼、发展物质生产的技艺而来，它们与内容（精神需要）的结合，成了后世的所谓"艺术"。艺术使审美双螺旋（即"四要素集团"的交互作用）得到了真正的独立和不断的发展。艺术是有用之用，审美是无用之用。从而从审美心理来界定和探究"艺术"和"艺术作品"与**从其他视角（如社会学、艺术史等视角）来探究、界定或定义，便有不同的标准和不同的理论**。世界每时每刻都在产生亿万件人工制品，如何区分艺术与非艺术、好艺术（作品）与坏艺术（作品），从审美心理角度来看，就将以它们能否和如何调动双螺旋或四要素集团的状况和境地来区分和决定。

以上这些，旧作《美学四讲》等均已讲过，这里再重复一次而已。

现在面临的是 Marcel Duchamp 的现代或后现代艺术问题。我曾说，当 Duchamp 把便壶放在展览厅（《泉》），便宣告了艺术的终结。艺术终结与历史终结同步，即一个不需要自巫术礼仪以来鼓舞或影响群体的"艺术"的散文时代开始,所有艺术都成为装饰和娱乐。自巫术礼仪以来的艺术中本就有装饰、娱乐的方面或因素,现代使它们独立而自由发展开来,产生了再一次的形式解放。艺术消亡,审美却泛化普及。《美学四讲》曾强调"社会美"即现代工业产品、城市建筑到各种日常用具、衣饰,到人们的身体活动、生活节奏、工作方式,都在一定程度、一定意义上或渗入或追求或走向审美。中国古代"乐与政通",强调从音乐即人的内心审美视角来测量和构建人际的和人与自然的秩序与和谐,正是实践美学提出"社会美"的中国传统资源:"乐"和审美不只是"艺术",而是整个感性世界的秩序和和谐。美学在这里是"第一哲学"。它甚至可以包含政治哲学在内。

Duchamp 的重大意义正在于,他以他的"艺术作品"抹平了艺术与生活的界线(《泉》),推翻了传统艺术的神圣、崇高或优美(有胡子的蒙娜丽莎),也否认了生活有确定的秩序(有钩子的地板)。他提示的是艺术和生活的荒诞性和虚无性。他明确说过他本意就是在出美学的洋相,是在"打击美学"("discourage Aesthetics",见 Duchamp 1962 年写给 Han Richter 的信)。他很清楚,他的作品不再是审美对象。艺术与非艺术、好("艺术")作品与坏作品的区分不再存在,艺术于是终结。

Duchamp 本已宣告艺术终结,但 Duchamp 之后,模仿蜂起,各种"概念艺术"、"行为艺术"、"装置艺术"大行其道。非审美对象的"艺术"在商业炒作中获得了极大发展,成了精英主流。

是否艺术？好坏如何？并无标准。A.Danto 的 Artworld 理论和 G.Dickie 的 Institutional Theory 也应运而生。一切都组配在资本操作之中，加快运行，相互支撑，喧嚣热闹，成了发达社会的高级装饰。

从重视审美心理的实践美学看，因为摄影技术所带来的巨大冲击，西方造型艺术（特别是绘画和室内雕塑）由印象派、后印象派走入彻底解构图像的 Picasso 的立体主义和以后的抽象表现主义、J.Pollock 等等，乃势所必至。它们与从 Duchamp 到概念艺术、行为艺术等等相反相成地共同体现了上述的"艺术终结"：由自我表现的抗议、颓废和脱离现实的"纯粹艺术"，变成了抹平自我、大众享受和现实消费的商品生产。其中一些作品由于仍能调动或引起审美双螺旋的活动（例如，即使突出理解刺激但还不只是概念认识，或突出感知刺激但还不只是生理快感或不快感），即在创作和接受心理中仍有其他因素的"自由游戏"而成为审美对象，而为实践美学可以认同的艺术作品。

一般说来，实践美学更为重视的，并不是当今博物馆的这些收藏品，而是现代日常生活的审美化。如上所说，装饰和娱乐本来在原始艺术中便存在（参阅《美学四讲》论"原始积淀"），但一直从属在群体社会需要的"内容"之中。如今在历史终结后，它们"脱魅"解放，独立发展，成为今天广大人们日常生活的重要成分。这个历史性的重要事实，使实践美学更为认同 Dewey 的美学理论。

John Dewey 也抹平生活与艺术的界线，但与 Duchamp 的方向正相反，Dewey 把日常生活中的"完满"经验而不是任一经验作为艺术，即非常重视人们日常生活经验的完满性，这与实践美学直接相通，这才是实践美学所重视的"艺术终结"的要点所在。因为在这里，人人都可以是艺术家，人人都可以在自己的日常生活中去获得由实现审美双螺旋适当运作的完满经验，去创造它的新组配和新结构，从而人人都可以去创造艺术和欣赏艺术。"旧时王谢堂前燕，飞入寻常百姓家"。任何人的这种成功作品都有权利进入展览厅、博物馆，供他人观赏。所谓"成功"，仍然是它能启动审美双螺旋，使人获得非概念认知、非伦理教导、非生理快感（或不快感）的某种满足或享受，即审美愉悦。尽管双螺旋中任何因素均可在现代条件下极度夸张或独立，从而与概念认知、伦理教导、生理快（不快）感可以有更为直接密切的偏重或关联，但不管如何"极度"，也一般不应成为概念认识（文学变成理论，唱歌变成读报），或成为令人烦躁不安、生理厌恶或痛苦的装饰和娱乐。Foucault 对性、对死亡的"极度"体验毕竟没有普遍的审美意义。

当代艺术的主流就是装饰和表演，每个人其实都可以是艺术家，就看你表演得如何。表演实际也是装饰，装饰社会和装饰人生，它们由商业炒作成为时尚的娱乐。在今日铺天盖地而来的"当代艺术"湍急浪潮中，如何顾惜和发展审美和艺术的伟大历史成果，珍视它们对丰富人性的重要作用，是实践美学所关注的课题。

实践美学不轻易接受由商业运作和少数精英所判定的"艺术",怀疑那些根本缺乏标准而为金钱操控的混乱。实践美学将固守以美感经验为核心和论证"审美境界"为本体来展开自己的叙说,而与其他美学理论区分开来。

由于审美与感性总与动物性情欲相连,声(music)色(sex)快乐便成为今日大众文化审美感受的时尚。但与此相关又相对抗,寻找"纯"精神境界的"超越",又使审美不止于娱乐、装饰的快乐,而强烈指向某种超生物性的生存状态或人生境界的追求。但它依然不"纯",仍然不可能像中世纪苦行僧那样,追求脱离此动物性肉体生存。并且恰恰相反,它只能是在此动物性肉体存在基础上追求超脱。这就是我所讲的"人自然化"中身体-心理的修炼与自然-宇宙的节奏韵律相合拍一致以导致的"天人合一"等神秘经验。这也是我所讲的"情本体"的某种落实。

"情"即是"爱"。有如基督教义所言,有肉欲之爱(Eros),有心灵之爱(Agape)。在以情欲论为核心的"儒学四期"的历史本体论这里,由于无另一个世界的设定,使这两种爱本身及其交织和区划更为复杂和多样。

人总想要活下去,这是动物的强大的本能(人有五大动物性本能:活下去、食、睡、性、社交)。但人总要死,这是人所独有的自我意识。由于前者,就有人的维持生存、延续的各种活动和心理。由于后者,就有各种各样、五光十色、自迷迷人的信仰、希冀、归依、从属。人"活下去"并不容易,人生艰难,又一无依凭,于是"烦"生"畏"死出焉。"生烦死畏,追求超越,此为宗教。生烦死畏,不如无生,此是佛家。生烦死畏,却顺事安宁,深情感慨,此乃儒学"。[1]

因为人生不易,又并无意义,确乎不如无生。但既已生出,很难自杀,即使觉悟"四大皆空"、"色即是空",悟"空"之后又仍得活。怎么办?这是从庄生梦蝶到慧能和马祖"担水砍柴,莫非妙道"、"日日是好日",到宋明理学"以其情顺万物而无情"、"廓然大公,物来顺应"等等所寻觅得到的中国传统的人生之道。这里没有灵肉二分的超验归依,而只有在这个世界中的审美超越。这涉及"在时间中"和"时间性"。

"在时间中"是占有空间的客观时间,是社会客观性的年月、时日,生死也正因为拥有这个占据空间的年月、时日的身体。

"时间性"是"时间是此在在存在的如何"(Heidegger)的主观时间。所谓"不朽"(永恒),也正是这个不占据空间的主观时间的精神家园。似乎只有体验到一切均"无"(无意义、无因果、无功利)而又生存,生存才把握了时间性。Heidegger 所"烦""畏"的正是由于占有空间的"在时间中",所以提出"先行到死亡之中去"。

其实,按照上述中国传统,坐忘、心斋、入定、禅悟之后,因仍然活着,从而执着于"空""无",执着于"先行到死亡中去",亦属虚妄。Heidegger 所批

---

[1] 拙作《论语今读·4.8 记》。

评的"就存在者而思存在"、"把存在存在者化",倒是中国特色,即永远不脱离"人活着"这一基本枢纽或根本。中国传统的"重生安死",正是"就存在者而思存在",而不同于Heidegger"舍存在者而言存在"之"奋生忧死"。本来无论中西,"有"(中国则是"易"、流变、生成)先于"无","有"更本源。"无"是人创造出来的,即因自己的"无"生发出他者(事物、认识)之"无",从而"有"即"无"。于是,只有"无之无化",才能"无"中生"有"。只有知"烦""畏"亦空无,才有栖居的诗意。这也才是"日日是好日",才是"万籁虽参差,适我无非新"。

中国传统既哀人生之虚无,又体人生之苦辛,两者交织,形成了人生悲剧感的"空而有"。它以审美方式到达没有上帝耶稣、没有神灵庇护的"天地境界"。存在者以这种境界来与存在会面,生活得苍凉、感伤而强韧。鲁迅《过客》步履蹒跚地走在荆棘满途毫无尽头也无希望的道路上,"知其不可而为之",明知虚无却奋勇前行不已。生命的意义、人生的价值就在此行程(流变)自身。这里不是Being,而是becoming;不是语言,而是行走(动作、活动、实践);不是"太初有言",而是"天何言哉",成了中国文化传统的"道"(Way or Dao)。这就是流变生成中的种种情况和情感,这就是"情本体"自身。它并无僵硬固定的本体(noumenon),它不是上帝、魂灵,不是理、气、心、性的道德形而上学或宇宙形而上学。

Augustine说:"现在是没有丝毫长度的。"(《忏悔录》)

Heidegger 说:"此在的有限性乃历史性的遮蔽依据。""昨日花开今日残"是"在时间中"的历史叙述,"今日残花昨日开"是"时间性"的历史感伤。感伤的是对"在时间中"的人生省视,这便是对有限人生的审美超越。

"逝者如斯夫,不舍昼夜"。(《论语》)孔老夫子这巨大的感伤便是对这有限人生的审美超越,是"时间性"的巨大"情本体"。这"本体"给人以更大的生存力量。

所以,"情本体"的基本范畴是"珍惜"。今日,声色快乐的情欲和精神上无所归依,使在"在时间中"的有限生存的个体偶然和独特分外突出,它已成为现代人生的主题常态。在商业化使一切同质化,人在各式各样的同质化快乐和各式各样的同质化迷茫、孤独、隔绝、寂寞和焦虑之中,如何去把握住自己独有的非同质的时间性,便不可能只是冲向未来,也不可能只是享乐当下,而该是"珍惜"那"在时间中"的人物、境迁、事件、偶在,使之成为"时间性"的此在。如何通过这个有限人生亦即自己感性生存的偶然、渺小中去抓住无限和真实,"珍惜"便成为必要和充分条件。"情本体"之所以不去追求同质化的心、性、理、气,只确认此生偶在中的林林总总,也就是"珍惜"之故:珍惜此短暂偶在的生命、事件和与此相关的一切,这才有诗意地栖居或栖居的诗意。任何个体都只是"在时间中"的旅途过客而已,只有在"珍惜"的情本体中才可寻觅到那"时间性"的永恒或不朽。

从男女双修到十字架上的真理,从汉挽歌、《古诗十九首》到"居家自有天伦乐",从唐诗对生活的眷恋到宋诗对人生的了悟,从苏轼到《红楼梦》,从今日的你、我、他(她)到过去、现在、未来,在时间性的珍惜中才有"一室千灯,交相辉映"的奇妙和辉煌。并无某个超验的存在,而有千千万万的时间性的情本体。人生虚无,有此则"无"中生"有"。

可见,此"有"并非纯灵、理式、精神,而仍然是与这个血肉身躯有所关联的心灵境界。并非舍弃这个血肉的"不完满"去追求纯粹精神的完满,"完满"就在这不完满中。那离此肉身的"完满",作为自欺欺人的幻相,也许可以短暂感受,却既不可能持久常住,也不真是"留此灵魂,去彼躯壳"(康有为、谭嗣同)。蔡元培之所以提倡"审美代宗教",就在于审美既不排除寻觅这种宗教精神的"完满"经验,又清醒意识这种"父母未生我时的本来面目"仍然不过是肉体身心与无意识的宇宙节律相通相连的某种心灵状态而已。它仍然是生发在感性血肉躯体上的人生境界,它即是审美的心境超越。

从而,作为人类学本体论所能确认的敬畏对象,就不是纯灵性或纯精神性的上帝神明,而是与人一样虽非血肉却同为物质的宇宙总体。宇宙作为总体,其存在及其"规律"不可知,这也就是超出人类学的"物自体",这就是那神秘之所在。它完全不是 dead matter(一堆死的物质),"天何言哉,四时行焉,百物生焉"(《论语》),"天地有大美而不言,四时有明法而不议,万物有成理而不说"(《庄子》),这难道不可敬畏、寻觅和归依吗?一百五十亿年前的大爆炸作为宇宙起源，难道不比《圣经》创世纪更令人震惊、敬畏（E.O.Wilson：《论人性》）？有如基督徒之于上帝，Heidegger之于Being，对中国人来说，"崇拜成为一种专属一己个人的真诚的审美经验（Aesthetic experience）。事实上，它非常相似于面对太阳从远山树林中落下去的那种经验。对人来说，宗教乃意识的最终实在，有类于诗"（林语堂：《生活的艺术》）。这也就是历史本体论所讲的"人自然化"的本体境地：既执着人间，又回归天地，由"以美启真"、"以美储善"到"以美立命"。

人觉醒，接受自己偶然有限性的生存（"坤以俟命"），并由此奋力生存，不怨天，不尤人，下学而上达（"乾以立命"）。人意易疲，诸宗教主以信仰人格神立教，让众生归依皈从。但在后现代之今日，神鞭打的宗教魔方已难奏效，"人是什么"和"人是目的"终将落实在"美感双螺旋"充分开展的人性创造中，落实在时间性的情本体中，落实在此审美形而上学的探索追寻中。

> 2006年12月7日草于三亚银泰度假酒店（Resort Intime），
>
> 窗临大海，听涛声拍岸未已。

（摘自《实践美学短记》）

"美育代宗教"答问（2008、2016）

语言是存在之家？

问：你的人类学历史本体论谈论了认识论、伦理学、美学，对宗教却很少论说，今天想请你谈谈。

答：《历史本体论》、《论实用理性与乐感文化》（下简称《实用》）谈了一点，没做展开。但我所有论述大都如此：点到为止。

问：宗教还是谈得太少。

答：基督教、佛教都是教义复杂、内容深邃，其中有争议极多的艰深课题，外行怎敢贸然闯入。现代宗教社会学和宗教心理学也如此。要做通俗化的一般论议，就更难了。

问：人们说任何学理特别是哲理，只有真正融会贯通了以后才能通俗化。好像 Kant 也这么说过。你近年好像在走这条路？

答：不敢说"真正融会贯通"，而是衰年不得已也。《论语今读》是中国传统注疏体，答问是宋明语录体。哲学本是从对话、答问开始的,属于意见、观点、视角、眼界,而非知识、认识、科学、学问。通俗的问答体可以保持论点的鲜明性、直接性,不为繁文缛节所掩盖。当然,也如我所说,难免简陋粗略,有论无证,不合"学术规范"。但有利总有弊。也许,利还是大于弊吧。《朱子语类》不就比《朱文公文集》更重要,影响也大得多吗?

问:这倒是个有趣问题,值得开发。

答:既然学者们崇拜西方,这里抄两段外国名人的话:

> 由此看来,"主体"与"客体"均是形而上学,它们早在西方"逻辑"、"语法"形式下霸占了对语言的解释。今天我们才开始发现其中被遮蔽的东西,语言从语法中解放出来以进入更实质性的建构,留给了思的诗性创造。(Heidegger, *Basic Writings*, p. 194)

> 当哲学家使用字词——"知识"、"存有"、"主体"、"我"、"命题"、"名称"——并且想抓住事情的本质时,我们必须时时问自己:这些字词在一种语言中,在它们自己的老家中是否真的这样使用?——我们要做的是把字词从形而上学的用法带到日常用法。(Wittgenstein:《哲学研究》,汤潮、范光棣译,第116页)

也可以说,这都与"通俗化"有关。"通俗化"不是一个肤浅问题，它要求把哲学归还给生活，归还给常人，又特别是宗教问题。但他们两人又都没这么做，他们的书仍然是非常难懂的"哲学"著作，既无诗情，也与日常生活和日常用法无干。虽然 Wittgenstein 启迪了人们对哲学语言进行仔细分析。

问：他们都谈论语言，二十世纪可说是广义的语言哲学的天下，在英美，分析哲学便统治了数十年。

答：Wittgenstein 的名言，对不可言说的便应保持沉默。但他仍然言说了好些不可言说的，如宗教。他强调宗教并非理知认识，而是一种激情信仰。这激情和信仰可以改变人的生活方式。Heidegger 那句名言"语言是存在之家（房屋）"，大概可作多种解说。在我看来，"语言是存在之家"的"语言"实际是超越人类语言的"语言"，是那个"太初有言"的"言"，是耶稣基督。从而存在的家园，是上帝，是宗教信仰。当然，那个"言"(the Word) 是动态性的说话。它转成希腊的 logos 而"道成肉身"即耶稣。这里面有好些深邃奥妙的问题，我无力多涉。应注意的是，"存在"(Being) 由此也是一动态性的过程或开展，将之与中国"生生之谓易"即 becoming（生成、变易）相比较时，不能忽视这一点，即使有 Parmmides 的"不动的一"的渗入。Being 尽管不必全非物质性（Heidegger 的 Being 如我以前所强调，就决不是纯精神性的），但比起中国 becoming 的明显物质性来，其精神的超验一元性仍相当突出。Heidegger 是无神论者，后期讲天地神人，最后说了"只还有一个上帝能拯救我们"。语言是公共领域，所言说的主要是有关人类公共认知的事务和事物。只有超越它，回到那个"太初有言"的"言"，才能找到真正属于个体自己的归宿体验。Wittgenstein 或 Heidegger 之所以比分析哲学家如 Carnap 等人高明，正在于他们肯定和保留了这个形而上学的宗教信仰和感情问题。中国禅宗强调只有排除概念和超越语言，才能真正悟到"佛祖西来意"。二十世纪六十年代 K.T.Fann（范光棣）写过一本讲 Wittgenstein 与禅的书，曾颇有影响。

问：那么公共语言就不重要了？

答：非也。恰好相反。如我以前所强调，语言绝对不能只在人们交往、沟通的视角下去了解，而是要特别注意它的语义产生在使用—制造工具的人类实践活动中。语言通过语词（概念、观念）语句（判断、推理），将混沌的经验、记忆，整理、安顿和保存起来，传流下去，是人类历史的保存者和储存器，也是内在人性能力的对象化和符号化。它与物质工具一起，形成了"人禽之别"，成了人之所以为人的实证产品。这也就是"太初有为"（参阅拙作《论语今读》）→"太初有言"（此"言"乃人类语言，而非上帝之言，非"道成肉身"的耶稣）→"太初有字"（参阅拙文《中华文化的源头符号》）→"太初有史"（参阅拙文《说巫史传统》）的"太初有道"本身的道路。《圣经》的"太初有言"是神的动作、创造、道路，中国传统的"太初有为"是人的动作、创造、道路，即以创造—使用工具为本体存在基础的生活和生存。人的语言把人的动作、创造、道路、生活和生存保留起来，传给后代。"鼓天下之动者存乎辞"（周易），如我所强调认为，虽源自远古巫术咒语和符号，却极深刻而重要，正是语言文字（"辞"）积淀着人类生存延续的历史经验，引领着（伦理道德）和开拓着（度的把握和认识）人类前行的道路。只有在这个意义上，语言或可说是存在之家，是语言说人而非相反，因为人的生存延续就存在于这个人类的经验记忆的历史性之中，满载着历史经验的公共语言，成为人的生存、延续即"人活着"的基本条件，但它毕竟不是"人活着"本身。

另一方面，这种公共语言，这种满载经验、记忆的历史性的语言，却又常常不能成为个体感情—信仰所追求、依托的对象。人们所追求依托的恰恰是超越这个有限的人类经验、记忆、历史的某种"永恒"、"绝对"、"无限"的"实在"、"存在"、"本体"、"神"，认为那才是人所应有的归宿和家园。"语言是存在之家"在这里便是超越公共语言的"语言"，即神。今天谈宗教信仰，主要是讲后者。

问：这问题涉及对个体来说便是"生活本义"或"人生真谛"究竟何在的问题。是在语言的理性、认识，还是在超语言的情感、信仰、神？你讲人性能力，又讲人性情感，其中的关系如何，似乎也与这问题有关？

答：这都是非常复杂的问题。一言难尽，一书也难尽。

问：那么，最简单化地谈谈。

答：简单化也就是大而化之，窥其概貌。但也得分好几个层次或问题来谈。

问：仍然从你较少谈及的宗教和信仰谈起吧。

答：宗教和信仰是理性的还是感性的，就很复杂。各宗教都有各种不同派别，有各种不同论说。但信仰很难用理性（理知推论）来论证，则实际是普遍特征。刚才已说，Wittgenstein 强调宗教信仰无须理性思辨或论证，它只是情感问题。情感当然是感性心理的重要部分。人类学历史本体论曾认为 Heidegger 的贡献在于突出了"心理成本体"，便包含这个意思在内。拙文《谈"恻隐之心"》则特别强调了脑科学，寄希望于它的未来发展，期望有一天脑科学通过神经元的通道、结构等等，来实证地解说人的许多心理，其中包括人性能力的认识（理性内构）、伦理（理性凝聚）、审美（理性融化），也包括有关宗教信仰的感情问题亦即有关"神"的某些问题。

问：这是牵涉心物（脑）一元或二元的古老哲学难题。

答：人类学历史本体论当然持心脑一元论，认为任何心理都是脑的产物，包括种种神秘的宗教经验。没有脱离人脑的意识、心灵、灵魂、精神、鬼神以及上帝。科学地、实证地研究非语言所能替代的人的各种情感、感情、经验，十分重要。Wittgenstein 便研究、讨论了好些心理词语。在二十世纪，"反心理主义"占了主流。所以我提出反"反心理主义"。

问：你多次说神秘经验是宗教信仰的"底线",各宗教包括具有宗教性的儒学也如此。各种"启示"、"顿悟"、"良知"、"当下呈现"……都可纳入这个范围。未来脑科学真能解释吗?

答：我相信可能。这当然也是一种信念,但它有一定经验依据。记得二十世纪六十年代美国某大学便曾用毒品引起的幻觉实验,来验证西藏《死亡书》载述死后灵魂游走的神秘经验。一二百年后,我想脑科学完全可以解说甚至可以复制今天看来十分神秘的某些宗教经验。人类学历史本体论所讲的"自然的人化"(经由社会文化所后天建立的神经元通道和结构)和"人的自然化"(通由气功、瑜伽等实现人与宇宙节律相呼应的等等神秘现象),期望都能在未来的脑科学中得到确认和解答。各种宗教关于"良心"(内)"恩典"(外)各种深奥繁复的教义和论证,实际上最终仍然落脚在神秘经验上,成为情感—信仰的真实基础和"底线"。

问：看来你是个科学主义者?

答：我不是什么"科学主义",但也确不同于现代大哲如Heidegger等人反对和贬低现代科技。我仍然对之寄以厚望。尽管现代科技潜藏着毁灭整个人类的极大危险,为人类历史所从未曾有,但我以为只要重视历史,讲究生存,可以相信人类终能掌握住自己的命运,特别是对人的头脑进行了深入研究之后。

问：研究脑对掌握人的命运相关？

答：人对自己的确了解得太少，二十一世纪至二十二世纪恐怕应该成为核心研究对象，这不但对人们生理健康，而且由于对人的思想、情感、行为、意识，也包括宗教情怀和神秘经验做出实证的科学了解，便非常有益于人类和个体去掌握自己的命运。最近我读 Gerald Edelman 的书，极感兴趣。这位当代神经科学大家继承了 W.James 和 J.Piaget 的路向，从脑科学即神经科学（neuroscience）出发，强调意识（consciousness）绝非实体，而是大脑神经元沟通、交流的化学动态过程（process），也就是我以前所说动力学的"通道"、"结构"。这个"过程"也就是"通道"、"结构"的建立。这个"过程"一停止运作，意识、心灵、灵魂就不再存在。如中国古人所讲"油尽灯枯"、"形谢神灭"。一些宗教教派也承认这一点，即并没有独立的不朽的灵魂。这里重要的是，这个化学动态"过程"即此"通道"、"结构"，并不是逻辑（logic）的语言设定，而是多元、偶发的选择性的模式建立。即使孪生婴儿，各种先天因素和 DNA 异常接近，但他们神经元的动态过程、通道、结构却仍然独一无二，彼此不同，即具有个体的选择性、偶然性，此即历史性。这正是我所强调的"个性"所在。大脑所产生的意识并无前定程序，不是逻辑机器，而是偶发、多样的时空历史的结构产物。偶然性和积累性是人的历史性存在的特征，不管外在或内在，群体或个体，社会或头脑，宏观或微观。动物的偶然性和积累性在基因变异和种族遗传中，人类的偶然性和积累性在以语言为主要载体的文化和教育中。人类学本体论在科学上赞同 G.Edelman 等人脑科学所承续的 Darwin 路线。

问：但你在《己卯五说》里说到硬件、软件。

答：这里要澄清一点，那只是个譬喻，譬喻总是跛脚的。要避免一种误会，把人的意识看作是电脑软件的程序设计，我没有那种意思。我非常同意 Edelman 的看法：一方面，意识非独立实体，它只是大脑实体的功能，并不神秘；另一方面，人脑并非电脑，意识不只是逻辑程序，它不是千人一面的固定的软件设计。但 Edelman 还没对人性能力、人性感情等等做区分，没指出认识、伦理与审美－宗教感情在脑神经元结构、通道、过程中的重要差异和各自拥有的具体特征。脑科学还处在婴儿阶段，这些问题的解说至少是五十年至一百年以后的事。

问：你所说的"人性能力"与"人性情感"的区分究竟何在？

答：以前已经多次说过。其不同在于：作为认识（理性内构）和道德（理性凝聚）的脑神经的通道、结构的特征，是后天社会文化的规则、要求作为理性主宰、束缚、规范，钳制着动物性的感性；而作为审美（理性融化）和宗教感情的脑神经通道、结构的特征，则是后天社会文化的理性规则、要求，融入、渗透、交织在人的动物性的感性中，从而它的感性和情感（个体生理欲求、动力）因素更为突出。（其中，许多宗教教义由于与伦理道德规则紧密相连或混为一体，其中理性主宰的状态又极为突出。）当然，所有这些"融化"、"主宰"、"渗透"等等都是些无力、含混的日常语言的形容词句，只有未来脑科学才能用确切的科学术语和命题来描述它们。今天哲学所能表达的只是这样一种视角、观念和期望罢了。

问：这里一个问题是：脑科学所处理的是人类普遍性的结构、通道，并不涉及个人的思想、感情。

答：不对。上述 Edelman 强调的，恰恰是脑通道、结构由个体选择性的动态过程所产生的千人千面式的功能。拙作《历史本体论》指出文化心理结构亦即"积淀"有三个层次，即人类的、文化的、个体的。积淀论还反复强调，个体因为先天生理不同和后天教养不同，即使同一社会文化所形成的个体心理的"积淀"和"情理结构"仍大有差异，它表现在认识上和道德上，更表现在审美感情和宗教体验上，即不仅表现为"人性能力"的不同，也表现为"人性情感"的差异。"普遍性"的文化心理形式，只能实现在各个不同的个体的选择性的过程、通道、结构中。

问：这也是个哲学问题。

答："一室千灯"。世界只是个体的。每个人各自拥有一个属于自己的世界，这个世界既是本体存在，又是个人心理；既是客观关系，又是主观宇宙。每个人都生活在一个特定的、有限的时空环境和关系里,都拥有一个特定的心理状态和情境。"世界"对活着的人便是这样一个交相辉映"一室千灯"式的存在。所以,很难在公共的语言中去寻找个体的家园。家园各自在个体的心灵里,在你、我、他的情理结构或积淀里。如前所说,艺术的意义就在于它直接诉诸这个既普遍又大有差异的心灵,而不是只具有普遍性的科学认识和伦理准则。艺术帮助人培育自我,如同每个人都将有只属于为自己设计但大家又能共同欣赏的服装一样。

问:这是否说,科学(认识)和伦理(道德)培育塑造人性能力,审美和宗教不仅培育塑造人性能力,而且还培育、塑造人性情感?

答:当然这也只是相对而言。要注意的是后者更为复杂多样。审美-艺术经验可以有千百万种。宗教经验,也是千差万别,从"肤浅"的或可以言说的信仰、感情、激情到难以言说、不可理解的"与神同一"、"与天合一"等神秘经验,便颇不相同。就是这个"与神同一"也千差万别,它们也常常是"独一无二"的。所以禅宗说"悟"要自己去寻得,没有一般的途径或普遍必然的法则可循,更不是通由语言所能解说或得到。

问:为什么说神秘经验或神秘感情是宗教的底线?

答:这就是一开头所说的,因为宗教信仰不是以理性的知识,而是以感情经验为依据,我称之为通向上帝的"感性神秘之道"。神秘经验尽管已有许多概念、认识因素掺杂在内,但仍是以个体情感的感受、体验、"启示"、"顿悟"为最后依据。虽然并非每个信仰者都能获得,正如"奇迹"少有一样。正宗教派和教义经常摒斥神秘主义和神秘经验,但实际上各宗教的被宣传和被信仰,却大都是以这种非理性的情感体验来作为基础的,所以说是"底线"。

问：感情本身是否理性的？

答：情感、理性这些词都是日常语言,含义混杂,已有好些专门论著讨论过,有的专著还说情感本身即理性的(rational)。动物族类的基本情感(怕、爱、怒等)都是为了个体和族类生存,它们通由生存竞争的进化过程而产生并遗传,都是"有理由的"或"合理的"。这样的"理性"一词当然不在我的用法之内。把所有情感和本能都说成是"理性"的,"理性"一词也就没有什么意义了。人们常说"没有无缘无故的爱,没有无缘无故的恨",即感情中有理性的动机、动力或基础,但它们至少又可以分为有意识的(自觉)或无意识的(不自觉)。人作为动物,与动物有相同的基本情感和生理本能,如上述的惧、爱、怒等等,但人作为人,这些动物生理性的情绪、情欲、情感等本能也已有理知认识因素的渗入,而且人还有如耻、罪、忠等等认识-伦理等理知因素渗入更明显而为动物所无的情感和感情。又如感情常常与感觉(sensation)紧密相连,但两者并不能等同,许多疼痛便只是生理(动物)性感觉而并非社会性感情。

问：这完全是心理学的问题了，我们不谈。还是回到宗教信仰本身吧。你认为它的前景如何？

答：以前总以为科技和文明越发达，宗教信仰会愈减弱，其实不然。宗教原先是作为群体性的社会文化现象，来自社会群体为维护自己族群的生存延续而产生，宗教社会学对此有大量的研究论证。但现当代以来，社会生活的不确定性、偶然性急剧增大，个体愈益感到命运不可预测和难以掌握，宗教信仰作为个体掌握命运、规划生活的需求便日趋突出。而物质文明的畸形发展，人们感到精神生活的苍白贫困和无可寄托，使人们对人生意义、生活价值以至永生不朽等等的探寻追求也大为增强。其中，所谓"追求不朽"就包括了怕死的因素。现代生活使个体生存意识突出，怕死也越来越突出。总之，**人活着怕死、难以掌握命运和探寻人生意义**，这三点使宗教信仰在今天不是越来越稀薄，而是越来越强大、浓烈。虽然因社会、政治、文化传统的差异和变化，宗教信仰的形式可能改变，具体宗教信仰可能更多样更分散，但人觉得相信点什么才好活下去，才能活得更"踏实"，却可能越来越普遍。有如 Unamuno 所说，"信仰上帝首先是渴望有上帝存在"。有"上帝"存在，你才感到你的生活、生命、人生有意义、有保障、有嘱托、有依归。Wittgenstein 说："我们可以把上帝称为人生的意义，亦即世界的意义。""祈祷就是思考人生的意义。""无论如何，在某种意义上，我们是有所依赖的，我们所依赖者则可称为'上帝'。"至于这个"上帝"，可以是耶稣基督，可以是安拉真主，可以是佛祖菩萨，可以是众多神明。

问：但即使就个体说，精神追求外，仍然有现实功利的方面。

答：是这样。关于精神拯救或追求，下面还要谈。世俗功利则本是宗教之所由。至今许多人信仰神明仍然是为了治病防灾、求财祈福、保平安、求健康等等。

问：但上面你说怕死是宗教的起因？

答：宗教是种社会现象，起因并非个人怕死，而是群体生存的需要。但就个体心理说，人们追求各种不朽，从最简陋的肉体复活到最精微的灵魂拯救和名声不朽，如中国传统的"三不朽"，又都有这"怕死"因素在做底色。死亡逼出了存在，死亡逼出此在来敞开存在。人都有死，却希望长生。"活下去"是一种比食、色还要强大的动物本能。当这动物本能呈现在人的意识层面后，便产生了"不朽"观念。人生本渺小、有限，追求去接近或投入那个永恒、无限便成为人们不断思索、感叹、追求、探索的课题。就中国说，"物—志—礼—乐—哀"（郭店竹简）的深沉理论，欢乐中不断提示死亡的汉代宴席挽歌，《古诗十九首》"出郭门直视，但见丘与坟"、"万岁更相送，圣贤莫能度"的感慨万千和无可奈何，魏晋名士"木犹如此，人何以堪"，服药行走追求长生而不断失败，都表现得十分鲜明直接。白居易诗"……

早出向朝市，暮已归下泉。形质及寿命，危脆若浮烟。尧舜与周孔，古来称圣贤。借问今何在，一去亦不还"。白居易历尽富贵荣华、显赫声名之极，世俗功利已无可求，但就是解决不了这个死亡问题而惶恐不安，再三咏叹。在世俗功利之外的对宗教信仰的感情正由此起，儒家不谈生死，便使佛教在中国得到了广泛传播。埃及有大量木乃伊追求复活。基督教说，人有原罪必须死亡，只有信神才能得到灵魂不朽甚至肉体复活。所有这些，也是围绕着这个死亡问题旋转。但真能解决问题吗？仍然不能。

问：你引过Einstein，说根本没有什么"不朽"，不管是"灵魂"还是"肉体"，也包括"名声"。万年以后，今天再大的名声也少人知晓，你也引过Heidegger，说不朽只是骗人的，都是因为怕死之故。

答："三不朽"表现出人想战胜死亡的努力，即以道德、事功、著述战胜死亡。这都是以群体的理性意识得出的论断，来解决个体肉体生存永久活下去的本能欲望。由于有死和由于"人活着"本身的有限、无能、软弱和不确定，使人易于从感情上和信仰上接受这些，特别是去追求、去依附至大至高无限无极的不朽的人格神，以获取生活意义，求得人生安顿。有如《美的历程》所述说，人的渺小塑造出神的伟大。最伟大的当然就是与人迥然异质、绝对主宰和超越经验的唯一神——"上帝"。

问：于是这在理论上、思辨上就造就成神与人、超验与经验种种复杂问题。

答：基督教有"耶稣二性"(神性与人性)、"三位一体"、"道成肉身"的各种解说、争论、辩驳、冲突、禁令、讨伐,甚至杀戮。在现代强调神人绝对不同,"上帝"是全然的异者("Wholly other",如 Karl Barth)即"神人不一",和以人的宗教体验为核心及出发点的自由派神学(所谓神学 Kant 的 Schleiermacher)即"神人不二"之间的矛盾、争论便如此。

问：于是折中的办法就是"神人不一又不二"了。而折中式的摇摆于不一不二之间,更可以有多种形态,发展出了各种复杂的神学理论。

答：实际上仍然是重重悖论。它仍然不是理知或理性所能解决的问题,仍然只能归结于信仰-感情的状态或样式。

问：Martin Buber 提出了"自失"与"自圣"的缺点错误。

答：这也涉及感情本身的状态。我在《实用》文下篇"情本体"中说过,有形形色色的神秘经验和感情体验,可以有"客体上帝进入主体"即相当于"自圣",或"主体投入客体"即相当于"自失",这种种体验、感受都是"使人获得某种超越了自我的渺小、软弱和有限的感情心理状态。或自我净化,或罪孽消失,从而或兴奋狂喜,或恬静祥和,或战栗恐惧,或敬畏欢欣,也或由之而失常癫狂"(《实用》)。各宗教通过苦修、顿悟、瑜伽、念咒跳舞等等方式获得的这种意识状态,被认为"通神",即超出现存经验世界,成为"真实存在"、"终极状态"、"原初样貌"、"本体境界"。

问:你多次提及,好些宗教以肉体痛苦换取这种状态取得精神安适或欢乐,中国较少。为什么?

答:我以为这是一个文化史问题,它与中国文明"早熟"性的"巫史传统"有关。即"巫"的早熟性的理性化,将原始巫术和宗教所共有的许多来自动物性的迷狂、自虐、恐惧等因素排除、溶解了。当代对施虐狂、受虐狂的实证研究说明,以肉体痛苦求快乐与某种动物生理欲求有关。某些宗教教派把这种动物生理性的倾向、欲求用观念、思想将之理论化,成了一种反理性的信仰、主张和情感。而在中国长期农耕社会和高度秩序化的礼治下,许多动物性的欲求、感受包括这种追求肉体的痛苦,被长期压抑、排斥、消除掉了。中国古代就没有遗留下像希腊神话或《圣经·旧约》那么多的狂暴、恐惧、孤独和情欲宣泄等等非理性、反理性的故事、史迹及其感情遗产,替代的是庄严肃穆、浑浑噩噩的《尚书》政令和温情脉脉、"怨而不怒"的抒情篇章(《诗经》)。以至后代讲求"天人合一"、"与神同一"的最高境界,也以不伤生毁性而是以平宁愉悦、秩序感受为特色,颇不同于以鞭打身体、缩食断色、自残自虐、极度折磨,包括渴求拯救却不可确知而极度焦虑和紧张等等,总之使灵肉、身心激烈冲突所造成感情的矛盾、动荡、痛楚、苦难来获取净化和"圣洁"。中国没有"沉重的肉身"问题,相反,而是在肯定这个物质性的生存世界,肯定这个"沉重的肉身"的重生、庆生基础上来追求精神的超脱,这也就是以"天地境界"为最高情感心态和人生境地的审美主义传统。

天地境界

问:审美主义传统?

答:平和、恬淡、宁静而又刚健、坚韧、"日日新"的阴阳互补的精神动态。它的前提或设定不是一个与人异质的精神性的上帝,而是一个虽至高至大无与伦比却与人同质的"宇宙-自然的协同共在",即"天地"。

问:这也就是你所说的可敬畏的"物自体"?

答:是也。我说的"物自体"实际也就是中国传统的"天地"。这"天地"或"宇宙-自然的物质性的协同共在"并不是一堆蠢然无知的物质死物,而是具有动态性"规律"的存在。所谓"协同共在"即"规律性"之意,但不是任何具体的规律、法则。敬畏这个外在的具有规律性的"天地"是非常重要的。《论语今读》中的"16.8记"认为宋明理学弃畏讲敬,不符合儒学原典,曾引用钱穆的话:"畏者,戒之至而亦慧之深也。禅宗去畏求慧,宋儒以敬字矫之,然谓敬在心,不重于具体外在的当敬者,亦其失也。"寥寥数语,我以为比牟宗三讲述中国传统的万千语言更为到位。

问：你上面认为，"语言是存在之家"，与"太初有言"有关。但你又说在中国，不是"太初有言"而是"天何言哉"，不是"天主"（God）而是"天道"。如何说？

答：这次谈话是从宗教信仰说起的，因此这里我要讲"畏"的重要性。以前我老讲在中国"人道"即"天道"，今天我则要讲"天道"又并不能等同于"人道"。"天"、"地"、"人"三才，"天"、"地"毕竟大于"人"。依据中国古典，"人伦"高于鬼神却低于"天道"（参阅《大戴礼记·本命》）。只是这"天道"并不是那能具体地发号施令、有言有语的人格神天主（"上帝"），而是"天何言哉"却又"四时行焉，百物生焉"，具有协同共在规律性的神明行走。这种"天地"即"天道"，即"神意"。

问：为什么要强调"天道"不能全等于"人道"，而且要"畏天道"呢？

答：今天强调"畏天道"（亦即"畏天命"。"天道"、"天命"同具非人格、不确定的特征，在此可互换使用，下同），就是强调要进一步突破中国传统积淀在人心中的"自圣"因素，克服由巫史传统所产生的"乐感文化"、"实用理性"的先天弱点，打破旧的积淀，承认、烦惑、惶恐于人的渺小、有限、缺失甚至罪恶，以追求包含着紧张、悲苦、痛楚在内的新的动态型的崇高境界，使"悦志悦神"不停留在传统的"乐陶陶"、"大团圆"的心灵状态中，而有更高更险的攀升：使中国人的体验不止于人间，而求更高的超越；使人在无垠宇宙和广漠自然面前的卑屈,可以相当于基督教徒的面向上帝。正因为"上帝死了",这种"畏天道"便具有人类普遍性,而不止于中国。宗教在这里便可以成为审美感情的最高状态。**"畏天道"成为"人的自然化"的最高要求和"情本体"的终极境地**。所以它恰恰又是中国传统在今日走向世界的发展昂扬。

问：你在《历史本体论》里说过"怕",认为"天道""并不完全离开'我活着'这个感性生命的存在者,却又并不完全等同于你—我—他(她)的全部总和,这就是乐感文化的神","那灿烂星空、无垠宇宙,秩序森然,和谐共生,而自我存在却如此渺小,不怕吗"(第3章第2节)等等。

答：我在《实用》文里也强调:"宇宙本身就是上帝,就是那神圣性自身。它似乎端居在人间岁月和现实悲欢之上,却又在其中。人是有限的,人有各种过失和罪恶,从而人在情感上总追求归依或超脱。这一归依、超脱就可以是那不可知的宇宙存在的物自体,这就是'天',是'主',是'神'。这个'神'既可以是存在性的对象,也可以是境界性的自由;既可以是宗教信仰,也可以是美学享(感)受,也可以是两者的混杂或中和。"(下篇)《历史本体论》一书扉页引用了Einstein,《实用》文说"Kant相信这个'神',Einstein相信这个'神',中国传统也相信这个'神'",指的都是这个非宗教又准宗教性的审美主义的感情—信仰的"神"、"天道"或"天地"。这种感情—信仰状态也就是"天地境界"。

问：所以你经常把美学和宗教连在一起提，认为后者是前者"悦志悦神"的最高层次，它们都属于感情？

答：是也。宗教情怀浓重的 Wittgenstein 经常把 W.James 的《宗教经验之种种》放在案头。他重视的不是某种具体的宗教教义，而是宗教感情。Kant、Einstein 等人也这样。只是他们这种感情却自觉或不自觉地受着犹太—基督教传统的笼罩，而仍与中国人有所不同。

问：通由感情，审美与宗教是相通的，构成重要的哲学部分或内容？

答：所以我说美学是第一哲学，它是中国人的"世界观"。这里我愿引用赵汀阳的一段话："我们看不到世界本身，但可以选择某种世界观……按照人性的感性偏好去想象的有着优美秩序、有条有理的世界图像，这就是明显的美学选择。世界图像的优美秩序不可能被证明是真还是假，但按照美学观点所想象的世界观却是思维的基础。""美学的真正主题是整个世界，是整个感性生活，而不是艺术……人的感性生活最终要落实为'乐山乐水'诸如此类的天人关系中……这一中国式的'宏大美学'被李泽厚认为才是真正的美学。"[1]

问：这不就是你在《实用》文中特别强调的不可知的"物自体"的观点吗？

答：我在该文中以"美学作为第一哲学"与"物自体"问题作为上、下篇的两处终结，其含义就在指出：宇宙－自然作为总体超越于人的认知，人对

---

[1]《读书》2007年第2期，第126—128页。

宇宙的经验（包括天文学家）也总是有限的。关于宇宙总体只能是一种理论推论的设想和假说。因为就总体说，宇宙－自然超出因果范围。因果只是人从感性经验世界中通由实践所产生形成的概念和范畴（见《批判哲学的批判》一书及《实用》文）。宇宙为何存在本身超出了这个范围，所以是不可理解的。Wittgenstein说"神秘的是世界就如此存在着"，我以为就是这个意思。宇宙存在和在根本上会如此这般的存在（即这存在为何在根本上具有规律性，即我说的"协同共在"）是不可以用理知去认识、解说的（至于可经验的宇宙－自然存在的具体规律性，则是人的发明或"发现"，即可认识解说的）。Kant由"二律背反"走向不可知的"物自体"的深刻性，我以为也在这里。这是"理性的神秘"，即不是理知（概念、判断、推理）所能处置对待的"神秘"。它不同于上述感性神秘的宗教经验。但可以引发更深刻的敬畏感情和信仰体验，也可以与"感性的神秘"即神秘经验相沟通会合。Kant的物自体是一个非常烦难复杂的问题。《批判》一书作了专章探讨。概而言之，作为经验对象的复数的物自体，很适合于Engels等人的批判，但作为单数的物自体，这种批判就显得十分浅陋和不得要领了。因为这个单数的物自体实际说的是，这个总体物质世界（即这个宇宙）为何存在是不可知的，这也就是Wuttgenstein所说，"神秘的是这个世界就如此存在着"。这也就是我说的"理性的神秘"。它不可认知，无法解答，而属于审美－宗教范围。

问："理性的神秘"？

答：所谓"理性的神秘"，指不是通由理知的推论所能认识，但理知推论可以设想和思考其存在，也就是 Kant 说的"不可知之，但可思之"。"上帝"作为理性的先验幻相便属于这一范围。

问：那么，你承认或信仰"上帝"？

答：非也。但这里我首先要提及的是中世纪经院哲学家 Anselm 对上帝存在本体论的理性证明。1952 年我读到它时感到震惊，觉得了不起，比宇宙论、目的论的理性证明强多了。"上帝"当然没法用理性证明，从 Kant 到 Wittgenstein 讲得很清楚。Anselm 的证明是错误的。但他的这个证明本身似乎简单却异常精美，很有逻辑力量。他说：上帝既是人人心中都有的一个至高存在，所以它必然存在，否则就自相矛盾（不是至高至上、无与伦比了）。

问：许多人早就驳斥过 Anselm，说你想象你口袋里有一百元钱，并不等于或包含你口袋里真有一百元钱。

答：这恰恰误解了 Anselm。Anselm 讲的是无限的未可经验的"上帝"，不是任何可经验的有限感性对象。这些经验对象设想其存在而实际不存在是完全可能的；但那个至高的"上帝"，按 Anselm 却不可能在人心中不存在，所以它就必然客观地存在。

问：这与你何干？

答：Anselm 的"上帝"以"人人心中都有"的"经验"做支撑，但并非古往今来且不分地域、文化、年龄的"人人"都有此经验。所以这推论的前提不能成立。《历史本体论》的"天地"或"宇宙－自然物质性的协同共在"，则是以人人均有的有限时空经验做支撑，从而前提和推论便都可以成立。即是说那个有言有令的精神性实体存在的"上帝"并非"人人心中都有"的经验，而物质性的有限时空却是人人都有的经验。因之，历史本体论所推论应"敬畏"那人赖以生存的不可知的"物自体"，亦即"世界如此存在着"，便具有真正的客观社会性，即 Kant 所谓的普遍必然性。"理性"与"神秘"本是相互排斥的，这里所谓**"理性的神秘"，指的只是由理性而推导至，不是理性所能认识和解答的某种巨大实体作为敬畏对象的感情存在，而仍然不是理性认识。**

问：你的这个"上帝"是物质性的"天地"，但有人以为中国传统的所谓"天地境界"只是低级的"自然境界"。

答：冯友兰《新原人》早讲过二者相似而根本不同。"自然境界"只是一种生物本能式的生存境界，"天地境界"恰好相反。当然，你要进一步推论，认为这个无垠宇宙是由某种人格神如基督教所讲的全知全能的"上帝"所创造，也是一种并无经验支撑的逻辑可能性。也的确是这种逻辑可能性，在基督教传统的历史和心理的支配下进入感情，使直到当今西方的许多大科学家、哲学家仍然相信"上帝"，更不用说一般老百姓了。

问：在你看来，这个"理性的神秘"所推论的神明高于"感性的神秘"（即宗教神秘经验）的神明？

答："感性的神秘"或神秘经验可以由未来的脑科学做出解说、阐明，甚至复制，它的"神明"也就很难存在，变得并不神秘。"理性的神秘"却不是脑科学和心理学的对象，也不能由它们来解答。"世界如此存在"不是神秘经验即不是"感性的神秘"，而是由于超出因果等逻辑范畴从而理性无由处理和解答的"神秘"，这大概是永远不可解答的最大的神秘，也是将永远吸引着人们去惊异、感叹、思索的神秘。感性神秘经验不具普遍必然性，经常只是极少数人能感受或获得，无法普遍证实。几大宗教之所以有各种经典、教义，就因为"感性神秘"难得又期望人们接受信仰，从而才做出各种理性的推论证明，使之具有"普遍必然"。但从理性上恰恰没法论证信仰，没法论证超验的精神实体即"上帝"人格神的存在。所以也才有"正因为荒谬，我才信仰"，"不理解才信仰"，"信仰之后才能理解"种种说法。

问：既不承认人格神的"上帝"，那么，又何谓"理性的神秘"中的"神明"呢？

答：所谓"理性的神秘"中的"神明"也就是说宇宙－自然本身就是神明，它既不是超宇宙－自然即宇宙－自然之上之外的神明，如基督教的"上帝"，也不是以任何局部自然如风雷雨电为神明，如原始宗教。更不是说宇宙－自然由于"神明"，它的各种具体变化和历史演进无由解释，而只是说**它的总体存在无由解释**。这个无由解释的、不很确定而又规律性的行走就是"神明"。

问：所以这便与你的"以美启真"联系起来了。

答：《实用》一文中的上篇就是将"以美启真"与这个不可知解的"物自体"相接连，认为作为总体的宇宙—自然的规律性存在是人们信仰的对象，各种具体的规律的存在如何得来，则是人通由自己的"度"的实践从而"创造"出来的。其中，不只是逻辑和理性，而且人的感受、感情、想象都起某种重要作用。如《实用》一文所强调，这才是解说 Kant 的"先验想象力"（亦即是创造性想象）的关键所在，也正是"以美启真"的核心。前引赵汀阳文说，是人赋予宇宙–自然以优美的秩序。但这"秩序"并非是纯然主观任意，所以才有"美"与"真"的关系、个体感情与理性真理的关系问题。这才是奥秘所在。而这又并不只是认识论、科学发明发现问题，而且有存在论（本体论）的深沉意义在。

问：这是个深奥甚或神秘的问题。

答：去年读到当代大数学家 Michael Atiyah 一篇讲演稿，讲数学是"发明"而不是"发现"，人的特征是在千万可能性中按美的规律去选择[1]。这与我认为**数学是感性操作抽象化后的独立发展**和"以美启真"相当合拍，也与这个"神秘"问题相关。而人们之所以经常把"发

---

[1] 香港《明报月刊》，2007 年第 2 期。

明"当作"发现",正是由于感情信仰的需要。Plato 的完满的理式世界之吸引人,也以此故。这就是宇宙-自然的"神明"。

问：你在《实用》文中说："庄周梦蝶还是蝶梦庄周这个老大难问题的回答,是必须有宇宙—自然与人有物质性的协同存在这个物自体的形而上学的设定……这个作为前提的必要的设定以审美情感—信仰作为根本支持。"(上篇)这如何讲?

答：我在排列中国"十哲"中,把庄子名列第二。原因之一就在他有这种高度智慧和思辨能力。至今你也无法用理知推论来否定整个人生-宇宙不过是"蝶梦庄周"的一场空幻。佛家之所以能打动人心,也在于此。而"宇宙-自然物质性协同共在"之所以更具优胜性,如上所说,在于它以每个人都有的时空经验为依托。这所谓经验依托的缘由却仍然是"人活着"这一历史性的存在。"理性的神秘"以及它生发出深刻的敬畏以及神秘感情,可以使"人活着"更具意义和力量;即使你设想这经验、这"活着"也不过是一场梦,是"空"或"无",但你却仍然得把这个"空"或"无"不断地继续下去。即使人生短促、生活艰辛、生存坎坷、生命不易,从而人生如幻、往事成烟、世局无常、命途难卜,不如意事常八九,但人却仍然是在努力地活下来活下去。佛教来中国,转换性地创造出"日日是好日"、"担水砍柴,莫非妙道"的禅宗。这即是"天地境界":即使空无也乐生入世,何况有那个协同共在的天地,人生便并不空无而是充满了历史的丰富。"逝者如斯夫,不舍昼夜"(《论语》),"及时当勉励,岁月不待人"(陶潜),不需要去追求另个世界,这也是我把孔子排在"十哲"第一的原因。

问：记得你说过,宗教天堂的构思不仅虚幻,而且乏味。

答：当然,这是一种世俗性的对佛教、基督教的想象和理解。实际上,"灵魂"本身就是一个多义的语词和复杂的问题。它也可以理解为非实体性的精神超越或增进,从而也就并不脱离物质的肉体而独存,这样灵魂就不能不朽。但就许多宗教信徒说,尽管《圣经》讲肉体复活,一般却较难相信常人肉体的永生、复活、不朽,从而灵肉分离、灵魂不朽,成为所期望的情感—信仰寄托之所在。但没有了肉体,也就没有食色欲望和由此产生的种种矛盾、冲突、爱恨情感和理解。一切十全十美,圆善完满,实际上恰恰是同质、单调、极其贫乏无聊的。脱此苦海,舍此肉身,在满堂丝竹尽日笙歌的西方净土变式的佛家乐土或上帝天国中纯灵相聚,无爱无恨,无喜无嗔,即使天长地久,又有何意味？没有肉体生存,所谓"精神生命"才真正是苍白的空无。真乃"我欲乘风归去,又恐琼楼玉宇,高处不胜寒。起舞弄清影,何似在人间",即使"人有悲欢离合,月有阴晴圆缺",甚至充满苦难悲伤,也比那单调、同质的天堂要快乐。一切幸福和不幸,其意义和价值都在发现人的历史生命,都在实现、丰富和发展现实的人性能力和人性感情。"富贵福泽,将厚吾之生也,贫贱忧戚,庸玉女(汝)于成也"。(张载《西铭》)这才是生命超乎自然、功利、道德的意义。其实基督教、佛教一些教义也如是说，只是儒学不设超验，使这一点更突出了。

问：精神生命本身不也可以丰富多彩吗？

答：上面已说，丰富多彩的精神生活恰恰是由现实世间人际的物质生活所引起、所发生、所造型、所成长。离开了人世间物质性肉身的种种事件、经验即历史所造成的一切感觉、感情、思想、意愿等等，心如止水，一波不兴万物同一，也许有某种特别的神秘愉悦，但那神秘愉悦又能维持或保存多久呢？瞬刻可以永恒，但毕竟只是瞬刻。即使这"瞬刻"可以是冥想、入定的数小时，但也只是漫长人生的瞬刻而已。人毕竟摆脱不了这个沉重肉身的物质存在，除非去自杀。只有死才是无的圣殿。

问：那么这种你所说的"瞬刻永恒"的顿悟感受就是不重要的虚幻感受？

答：不然。这"顿悟"或神秘感受更容易使人进入"天地境界"。尽管山还是山，水还是水，一切如常，生活依旧，却因境界不同，对待生活（包括精神与物质两个层面）、处理事务，便不一样。我在《中国古代思想史论》里已讲过了。

问：如何说？

答："瞬刻永恒"是我讲禅宗时说的，它是一种"感性的神秘"，即神秘地经验到自己与"神"与"天地"合为一体。就中国说，它源始于远古"诚则灵"的巫史传统，但这并不是进入"天地境界"的必要条件或充分条件。

问：那么"天地境界"是"感性的神秘"即神秘经验还是"理性的神秘"呢？

答：宋明理学，包括现代新儒家冯友兰、牟宗三对此交待得都很不清楚。实际上可以两者俱是。但神秘经验也是别的宗教所追求的，如前所说，其种类繁多。特别是许多宗教教派的神秘经验经常要求通由自虐、苦修、疲乏其心智而后获得。儒家对待自虐、苦行等修为持守和对待奇迹、天启等神秘现象一样，都很少谈论。儒家大讲的"孔颜乐处"，即"天地境界"，大都是从理性角度讲的某种较持续、稳定的心境、情态、体验。当然，有好些也就是神秘经验，如孟子和阳明学讲的"与天地万物合为一体"，"上下与天地同流"等等。但它们最终仍落脚为一种基于道德又高于道德，而与宇宙万物相合一的感情所产生的较长久、稳定的生活心态和人生境界。

至于人类学历史本体论所讲的"天地境界"，则承续这个中国传统，不强调神秘经验，而是由上述"理性的神秘"所开出的一种不执意世间事物的广阔、稳定、超脱的感情、心境、状态。它包括孔子的"无可无不可"，庄子的"真人"、"至人"、"神人"，后世的"孔颜乐处"，特别是它开展为对世间人际的时间性珍惜，即展开人的内在历史性，由眷恋、感伤、了悟而承担。它不同于受佛教深重影响偏于宁静、空无、持敬的传统的"孔颜乐处"，而更着重于理性与感性之间活泼泼的现代紧张关系和永远前行的生命力量。它是通由历史感悟的时间性珍惜,有意识和无意识的对生命的紧紧把握和展开。

问:这似乎有点 Nietzsche 的味道,"上帝死了"是 Nietzsche 喊出来的。你不是一向不喜欢他吗?

答:对,我一向不喜欢。因为他的基本特色是强调毁灭,要人从毁灭中崛起做超人。所以 Nietzsche 右派如 Heidegger、Schmitt 走向 Hitler、法西斯主义,Nietzsche 左派 Foucault、Deleuze 便是无政府主义。他们所鼓吹、赞赏的都是由放纵进而否定、破坏和毁灭的收获、"生成"和快乐,是标准的当代反理性主义。人类学历史本体论则一方面重视理性的严重缺失和局限,指出理性只是工具;但另一方面又坚决维护这个作为工具的理性,认为它是人类历史所建造的伟大人性能力和心理成果。即使面对废墟、毁灭、死亡,不能只是快慰、昂扬或激奋,而该有敬畏和感伤。敬畏、感伤曾经在那里生发过的人的生命,那曾经有过的活泼泼地奋斗着的人生。应在否定和毁灭中再次肯定人的历史性存在。我以为可以从这个角度去读中国诗文里的名篇佳作,去深刻领会那时间性的珍惜。

感伤中的神意

问:时间性的珍惜与"天地境界"有何关系?

答：我在《历史本体论》强调说明过，"我意识我活着"是人"活着"的本意，而"意识"总是一定时（时代）空（社会）、因果中的历史产物，并由知识—权力所操纵，从而追求超越摆脱它们，进入一个超时空、因果、知识、权力的"永恒"、"绝对"、"真实"、"本体"，即完全甩掉人的历史性便为许多宗教和哲学所追求。但即使通过神秘经验等方式所获得超历史的"瞬刻永恒"，"与神同在"，毕竟又并不能持久长驻，仍得回到这个"我意识我活着"的世间现实和历史中来。如何办？就中国传统和历史本体论来看，与其寻觅这种绝对的"超越"，便不如深刻认识人生的悲剧性（均见《历史本体论》），从历史的暂时性绽开历史积累而走向开放的未来以安顿此生，不仅在认识上而且在情感上双重肯定人是历史的存在。于是，内在的历史性情感便成了时间性的珍惜。既然"天地境界"不只是超越，而是超越而又走入人间，时间性珍惜的内在历史感情就成为必要的中介。

问："天地境界"一词你取自冯友兰，你和他有何区别？

答：二十年前我说过，冯的贡献不在《新理学》，而在提出"自然－功利－道德－天地"四境界说的《新原人》。冯晚年也有同样的说法，但由于他的哲学是"接着"程、朱讲的 Plato 式的"理世界"体系，他讲的"天地境界"便受此体系基本观点的笼罩制约。尽管他的"天地境界"不是基督教的天启、神恩，而是宋明理学的"孔颜乐处"；尽管他也强调在日常生活中尽伦尽性就可以超越道德,达此境界,但由于缺乏"人活着"、"情本体"、"形式感"等现实支撑,便一方面,如冯所自承,进入神秘主义,并把这种较持续稳定的生活心境和人生境界与"瞬刻永恒"的感性神秘混为一谈;另一方面,由于没有上述物质性的本体论支撑,便很难使这"境界"具体落实到世间人际。冯不谈宗教,却不能以"美育代宗教",不能张扬中国哲学特征的审美主义,特别是未能阐扬其与历史主义交融所形成的人的情感。**中国审美主义的感情以深植历史性为"本体",而非追求绝对的超验。**同时,我以为这"四境"应任人选择,不必定出高下,强人所难。我还是"两种道德论"的观点。宗教性道德主要依靠情感教育,所以也才有"以美育代宗教"。

问:与理本体(程朱、冯友兰)、心本体(陆王、牟宗三)不同,你的这个"宇宙—自然物质性协同共在"是否与中国传统的气本体有关?

答:可以说有承继关系,因为都重视物质性的生命存在。但仍然根本不同。"宇宙-自然物质性协同共在"不是"太虚即气"(张载)之类的宇宙论和理性主义道德论。它着重的只是理性设定所引发的准宗教性的感情-信仰。感情当然也与"气"(物质、物质生命力)有关,但它主要是从人的主观心境、状态方面来讲的人生境界。张载所谓"为天地立心",这"心"在人类学历史本体论便不是理性道德的心,而是审美-宗教的心,也就是 Einstein 讲的对宇宙的宗教情怀（cosmic religious feeling）。它不是"自然境界"的物欲主宰，也不是道德境界的理性主宰，而是理欲交融超道德的审美境界。从而它不是理性的宇宙论，而是人间的情本体，即人所塑建的自己的存在。

问：你说基督教有神指引的奋斗拯救，中国则是无所凭依的悲怆前行。因此中国的"天地境界"的神明和你这个"情本体"又有多大能量？

答：我不知道。我只说过更艰难、更悲苦，但也许更快乐。因为这快乐不只是纯精神，而且也包含物质生活。中国传统是"乐感文化"，包含物质和精神两个层面。既然灵魂不能上天，身体不可复活，生命不能不朽，在这区区有限的渺小人生中，到底如何安顿自己？寻找自己？确定自己？这不只是精神层面，也包括物质层面。《论语今读》强调"立命"，讲的也是这两个方面都要由自己去选择和决断。

问：但你那个"天何言哉"的"物自体"（"宇宙—自然的物质性协同共在"）能如别的宗教中的"神灵"、"上帝"那样指引和启示人们物质层面的现实生活吗？

答：这涉及超验理想（理念）与经验世界如何联结的问题。其实，如果与许多宗教以精神性的实体（上帝）作为超验存在相比较，人类学历史本体论以"总体的宇宙-自然协同共在"作为超验理想，其与经验世界的联结要顺当得多。前者需要依靠既定的教义语言如《圣经》和追求难得的神秘"启示"来联结。

当代虔诚教徒、已被封圣的 Mother Teresa，便自承非常苦恼于祈祷无效，听不到上帝的声音，得不到他的指示。从而，"信"还是"不信"？Dostoevsky 更是一直处在怀疑上帝是否存在的折磨之中。而"天何言哉"的宇宙-自然由于与"四时行焉，百物生焉"和"国、亲、师"同属于一个世界，并不异质，便更自然地获得了经验的规范和要求，并随社会时代由历史积累而灵活变迁。这就正是以前我所再三强调的"天道"即"人道"的方面。

问：如何说？

答：对许多宗教来说，仰望上苍，是超脱人世；对中国传统来说，仰望上苍，是缅怀人世。"念天地之悠悠，独怆然而涕下"（陈子昂）的宇宙感怀，是与有限时空内的"古人"和"来者"相联结的。因而，从"天道"即"人道"说，人既是向死而生，并不断面向死亡前行，与其悲情满怀，执意追逐"存在"而冲向未来，就不如认识上不断总结过往经验，情感上深切感悟历史人生，从人事沧桑中见天地永恒，在眷恋、感伤中了悟和承担。"怕见春归人易老，岂知花落水仍流"（某咏《红楼梦》诗），"山花落尽山常在，山水空流山自闲"（王安石），"自其变者而观之，则天地曾不能以一瞬，自其不变者而观之，则物与我皆无尽也"（苏东坡）。人都要死，活长活短，相差也就是几十年，而终究都要消失于这不可解的宇宙-自然的"常在"、"自闲"、"仍流"之中。与其牵挂、畏惧、焦虑、思量重重，就不如珍惜和把握这每一天每一刻的此在真意。我以前一再提及"从容就义"高于"慷慨成仁"，就因为后者只是理性命令的伦理激奋，而前者却是了悟人生、参透宇宙、生死无驻于心的审美感情。

问：Schopenhauer 讲审美时生命意志（Will to live）暂时消歇。你把审美感情也摆得这么高？

答：这正是从孔老夫子到蔡元培、王国维、鲁迅提倡的"美育代宗教"。当然，从宗教社会学看，实际上替代不了。过去、现在、未来都仍然有许多人信仰各种宗教。但既然总有些人不信，不去跪拜"上帝"、"鬼神"，在心理需求上，"天地境界"的情感心态也就可以是这种准宗教性的"悦志悦神"。这也就是对天地神明的宗教性的感受和敬畏。审美在这里完全不是感官的快适愉悦。所以说中国的"美学"不能译成 aesthetics。在这里，"空而有"的"空"不是"无"，是看空了一切，"万相皆非相"之后的"有"，它并未否定感性。从而"空而有"才能成为超越死亡的"生存"和无所执着中的执着。看似平平淡淡、无适无莫，甚至声色犬马、嬉戏逍遥，却可随时挺身而出、坚韧顽强、不顾生死、乐于承担。仍然在特定的"有"中去确认和实现生命的意义和人生的价值，去解决"值得活吗"的人生苦恼和"何时忘却营营"与"闲愁最苦"的严重矛盾。（参见《历史本体论》）陶渊明、文天祥都是这样的人物，尽管表现形态不同。所以，"以美育代宗教"在宗教社会学的某种意义上，也可以说是以儒学代宗教。虽然儒学或"以美育代宗教"仍然容许人们去信奉别的宗教，因为它始终没有"上天堂"的永生门票。

问：你曾以山水画中的"平远"与"高远"、"深远"来比拟中国审美与西方宗教，这有点意思。这也就是你说的"以美储善"？

答：超乎"I will (ought to)"的"I like to"。

问：什么？

答：宋明理学讲"乐是乐此学，学是学此乐"，"功夫即本体"，"盎然生意"和"道在伦常日用之中"，它们不只是道德境界，而更是审美的天地境界。这种境界所需要的情感–信仰的支持，不是超越这个世界的上帝，而是诉诸人的内在历史性，即对此世人际的时间性珍惜。它充分表现在传统诗文中，是中国人的栖居的诗意或诗意的栖居。

问：但你这个"宇宙—自然物质性的协同共在"也只是逻辑的可能，如你所说，逻辑的可能可以导致先验幻相。

答：本来就是先验幻相，我说过先验幻相有积极的一面，即鼓舞人去生存。"上帝"作为先验幻相便如此。只是我这个先验幻相比"上帝"与人世关联得更紧密、更直接，也更丰富。

问：你在伦理学中强调儒家传统讲的"爱"是由动物血缘情感的提升和理性化，而不是基督教的爱是"上帝"的理性指令，也与此相关？

答：这就是我说的"更直接更紧密更丰富"。它恰好展示作为中国传统的"上帝"、"天地"以其物质性与人间血肉更自然地联结在一起。并且还不只是"联结在一起",而是天地神明就行走在"国、亲、师"之中,它构成了神圣的历史和历史的神圣。"天地"之下是"国"。"国"是什么?乡土。全球化使世界缩小为"地球村",从而整个地球成为人们亲爱的、不可污染损毁的乡土,这本来就是从你所居住、生长、关怀的那片土地、家园和"国家"生发出来的。"亲"是什么?是以血缘亲属为核心的人际关系。如《实用》文所说,"孝"之所以是"天之经,地之义",就是指它并不只是人间关系,而且具有神圣性。"儿今远归来,无米亲亦喜",如此朴素亲情,做儿女者读来应可震撼心魄。它又岂止是道德?人际关系也如是。即使隐居的修女、避世的和尚,也仍然生活在人际关系之中,人际关系是无所逃于天地之间的。从而处在这个人际世界中的生的牵挂(烦)死的烦惑(畏),便是人的本真宿命。刻意追求逃脱,使人生变为一张白纸,既不可能,也恰好不符行走中的天地神意。"师"是什么?是人赖以生存的经验、记忆、知识即历史。经验构成历史(暂时性、偶然性),历史(沉积性)保存经验。历史不仅是有限经验的时空,而且更是积累和沉淀的心理。历史的记忆使我成为我,使人类成为人类。正是历史性的"国、亲、师",使不可知解的"宇宙-自然物质性协同共在"具有了坚实丰满的承续。这与上帝造人又逐出乐园再寻求拯救相似,却又迥然不同。这便是"巫史传统"的人性感情的历史内在性之所在。人间情爱由之可以上升为信仰。梁山伯祝英台可以变成一双蝴蝶——永远遨游的不朽符号。"悲欢岁月,唯有爱是永恒的神话"。(流行歌曲)此爱不一定非"圣爱"不可,凡夫俗子世间人际的爱,也可以因历史和记忆而永恒常在。《历史本体论》说:"你有过(当然有过)突然梦醒时不知你是谁身在何处的感受吗?这正是'我意识我活着'的意识的暂时消失。于是你(我)很快把它找回,以延续我活着的'我',即把我又重新放进某个具体的客观时空条件下面作出认同。"(第3章第1节)所以说,人是历史的存在,是活在这具体的"时空条件下"以及对它们的意识之中,而这具体的时空条件下"又是延续以前的产物"。没有过去就没有现在,没有历史就没有我(人)。对"在时间中"的时间性珍惜的感情成了认同、抚慰、激励"我意识我活着"即人活着的自我意识的重要动力。朱熹说:"只此青山绿水,无非太极流行。"有两首非常著名,水平、境界也相似的元曲:"孤村落日残霞,轻烟老树寒鸦,一点飞鸿影下,青山绿水,白草红叶黄花。"(白朴)"枯藤老树昏鸦,小桥流水人家,古道西风瘦马,夕阳西下,断肠人在天涯。"(马致远)都极美,但后者流传更广。为什么?更珍惜历史性的此在之人际存在。"古道西风瘦马"早不再,人生漂泊不定却长存。此即在历史情感中唤醒和建立起自己。

问:你在《美的历程》和《实用》文中也认为陶潜、杜甫、苏东坡、曹雪芹高于张若虚(《春江花月夜》)、刘希夷(《代悲白头翁》)。

答：这即是在"人生无常感空幻感"与"人生现实感承担感"多种复杂的组合配置中后者胜出。如《美的历程》所说，陶、杜像成年人，由于对世事人情深刻实在的卷入（这是人的现实生存和生活所必然导致），比张、刘如少年时代的人生空幻却并无历史的青春感叹来得更为深沉厚重，所谓"而今识尽愁滋味，却道天凉好个秋"是也。它涵存历史苍凉的"空而有"，更具神圣分量。

问：你对陶潜一向评价很高。

答：我最近读到《顾随诗词讲记》[1]，颇为惊喜与自己的看法大量相同或相似。顾也极赞陶潜，说应将传统杜甫的"诗圣"头衔移给陶潜，"若在言有尽而意无穷上说，则不如称陶渊明为诗圣"（第85页），再三再四地说陶诗"平凡而神秘"（第80页），老杜"是能品而几于神，陶渊明则根本是神品"（第85页），等等。陶诗展示的正是中国"天地境界"的"情本体"，伟大而平凡，出世又入世。"把小我没入大自然之内"（第86页）而并未消失，仍然珍惜于世事人情，"伤感、悲哀、愤慨"（同上）。不只是陶诗，顾对许多诗词的欣赏评论也与我接近，如盛赞曹（操）诗、欧（阳修）词。"对酒当歌，人生几何，譬如朝露，去日苦多"；"人生自是有情痴，此恨不关风与月……直须看尽洛城花，始共春风容易别"，都是既超脱又入世，一往情深，"空而有"。

---

[1] 中国人民大学出版社，2006年。

问：所以中国诗文中大量"空自流"、"空自在"等等的"空"都应作"空而有"解？

答：它们是面对永恒自然，来不断提示人的渺小、死亡、有限和了无意义，此即某种历史性的感伤，亦即时间性的珍惜。"青山依旧在，几度夕阳红。"（《三国演义》）"长空澹澹孤鸟没，万古销沉向此中。看取汉家何事业，五陵无树起秋风。"（杜牧）物是人非，再大的功绩事业也如此。但尽管如此，如前所说，人又还得活下去，还得去"创造历史"。于是，以宇宙感怀与人世沧桑交互浸透的感情来超越历史的暂时、偶然和有限，这种"天地境界"就不是冷漠无情、摆脱世界来"与神同一"，而是深情感慨、奋力生存的"天人合一"。从而诗意的栖居或栖居的诗意，就并非无情无绪、一事不作、一念不起、一尘不染，那恰恰失去了人生的诗意和生活的境界。所以，"朝与仁义生，夕死复何求"（陶潜），"哀鸣思战斗，迥立向苍苍"（杜甫），"竦听荒鸡偏阒寂，起看星斗正阑干"（鲁迅）。

问：你在《实践美学短记》中特别提到鲁迅《野草》中的《过客》。

答：其实很可以把它与 Heidegger 讲 Van Gogh 农鞋的著名文章做比较，可惜没有人做。

问：你来做这对比。

答：这需要长篇大论，我做不了。

问：那就简单说说。

答：Heidegger 是无神论，但有基督教的心理历史背景。农鞋走在虽开放却僵硬的石路上，永远单调、孤独、困苦、艰辛。因之，努力排斥非本真的世俗生活，"先行到死亡中去"，以投向那无底深渊的"空"。它引动的是高昂的激情、强大的冲力、苦痛的牺牲和诱人的死亡：只有生命才可以走向死亡，奋勇地走向死亡才是生命的最高决断。鲁迅则仍然是中国"空而有"的传统，尽管同样困苦、艰辛，但所斩荆披棘的是现实世界的具体事物、环境，身旁的是温暖的真挚的挽留、关爱，追求向往的是世事人情的现实花环，展示而珍惜的是由它所开拓出的世上真情。一由孤独、恐惧而追求有魅力的死亡和苦难，一由眷恋、感伤、了悟而承担具体的现实，走向的是多层次的世俗生存和人间情爱。"宛然目睹了死的袭来，但同时也深切地感着生的存在"。（《野草》中《一觉》）"我爱这些流血和隐痛的魂灵，因为他使我觉得是在人间，是在人间活着"。（同上）

问：你说过"无"是人想出来的，本来只是"有"。"无"产生于对自己肉体消失的自我意识，从而推论和感受世界的"无"，一切的"无"。

答：基督教是：上帝创世，无中生有；中国儒学是：大易本有，有先于无。就人类学历史本体论说，"有"即是宇宙—自然协同共在而具神圣性。因而，不是"无"而是"有"—"无"—"空而有"才使心灵丰富人生丰富，才能在根本上构建起人的"诗意栖居"。我以前曾不断引述过好些诗词来表达这一点，强调实现个体潜能、细腻人的感情从而享受（感受）你这独一无二的人生，即是生存本义。它不是道德（伦理）和认识（知识）所能替代。它也不同于宗教，只能归属美学。

问：你讲过艺术的意义和价值就在于此。

答：美学不能归结于研究艺术，但艺术之所以在美学中占有突出地位，却在于此，即在培育、发展人的个体特性（能力和感情）上的极大可能性，而不是伦理教训或理性认识。同一感伤，《历史本体论》曾引白石词、《桃花扇》、渔洋诗说其不同。顾随书也说"冯延巳、大晏、六一，三人作风极相似，而又个性极强，绝不相同……冯之伤感沉着（伤感易轻浮），大晏的伤感是凄绝，如秋天红叶。六一的伤感是热烈（伤感原是凄凉，而欧是热烈）"（第106页）。"极相似"而又绝不相同，**这种种丰富细腻感情的价值便是建立在肯定而不是否定（贬低、轻视）这个人际世界的基础之上。它能感受却难以明白道出那超越语言的诗情画意，正是可通天地参化育的"情本体"的生存实在，这是在情感中建立历史**，而不同于 Heidegger 那高超却空洞的时间性和历史性，"树影到侬窗，君家灯火光"（《人间词》）；"四野无人，一天有月，如此他乡"，"守到黄昏，上来红灯，又是今宵"（《灵芬馆词话》），或恋情依依、温柔敦厚，或孤寂荒芜、强颜欢笑，开拓出的都是执着于生活历史的一片真情，黛玉情情，宝玉情不情，远胜惜春的六亲不认，也迥然不同于《卡拉马佐夫兄弟》中的阿廖沙，这才是充满时

间性珍惜的人的世界。正是："太空冥冥不可得而名，吾以名吾亭。"（苏轼《喜雨亭记》）

问：但中国诗文缺少基督教那种圣洁、纯净、惨厉、深邃等感情。

答：前面讲"畏天道"已说过了，中国文化心理结构可以吸收同化它们来补充和丰富自己，但这将是一个漫长的行程。而首先要了解其同异。基督教讲"信"——"因信称义"；中国讲"诚"——"至诚如神"。前者来自《圣经》，后者来自巫史传统。由两者生发出来的情欲关系、情理结构、感情状貌的相同、相似、相通和相异之处颇值仔细分疏。《论语今读·19.1记》曾提出，"回顾儒门所宣讲之基本概念或范畴如仁、礼、学、孝、悌、忠、恕、智、德等，以及本章提及之义、敬、哀、命，与基督教的基本概念或范畴如主、爱、信、赎罪、得救、盼望、原罪、全知全能等相比较"，特别在感情-信仰以及其间关系、结构相比较，其中便大有文章，可惜迄今也没能做。就中国说，仍以陶渊明为例，从"云无心以出岫，鸟倦飞而知还。景翳翳以将入，抚孤松而盘桓"的"生"，到"荒草何茫茫，白杨亦萧萧。严霜九月中，送我出远郊……向来相送人，各自还其家。亲戚或余悲，他人亦已歌"的"死"，这里没有生死宣扬，没有轮回业报或末日审判，一切自然而然，眷恋感伤，重生安死，这大概也就是"诚者，天之道也；诚之者，人之道也"（《中庸》）吧。

问：如何讲？

答："诚"就是真诚、真实。在思想感情和行为中真诚、真实于宇宙－自然及世事人情，不仅对死亡，而且也在日常生活中，不狂妄自大（自圣），不虚假造作（自失），这也就是"毋意、毋必、毋固、毋我"，"为人谋而不忠乎，与朋友交而不信乎，传不习乎"（《论语》）。对人、对事、对友、对己、对生、对死都坚持真诚、真实。念天地之久长，感一己之渺小，慨人生之无常，知死亡之必有，于是在感受自然和处理人事中去找寻意义，确定自己，珍惜这个"情本体"的生命实在，好德如色，焉能不诚？

问：你曾讲"诚"来自巫的神明，是巫史传统特征之一。

答：对。"诚"本是巫术礼仪中的接受或出现神明时的神圣感情。巫术礼仪必须与参与者的真实无妄的感情连在一起，后者是这种活动的必要条件。以后被儒家将之不断理性化、道德化、内在化，而成为对人的品格和感情的基本要求，《中庸》讲"不诚无物"，后世讲"诚则灵"、"精诚所至，金石为开"，在这里，仍然是"诚"与"神"通。王国维把感伤无已、非常真诚的后主词说成"有担负人类罪恶意"，亦此义也。

问：在你过去的文章中，内在方面是"诚"与"仁"相联结，外在方面是"巫"、"史"与"礼"相联结，认为这就是中国的神明——"天道"所在。

答：上面已说，历史分为有限时空经验的暂时性和不断积累、持续的开放性。后者是生存的本根，具有本体的神圣。所以"神明"

才成为行走的"天道",才是开放的,未曾确定、不可名状的。"阴阳不测之谓神"、"其为物不二,故其生物不测"。它是玫瑰花(唐诗:自由、活泼、眷恋)也是松槐树(宋诗:谨严、骨力、了悟)。并因之"逝者如斯,而未尝往也",过去就存活在当下及未来,这就是所谓"过去比未来有更多的未来",思想史之所以不是博物馆(J.Levenson)、图书馆(B.Schwartz),而是照相册(拙文《中国思想史杂谈》)的缘由,从而对"在时间中"的情感省视成为时间性的珍惜,照相册把被埋藏的历史发掘开拓出来以把握此在,此在因之不再空洞,面向死亡之前行的决断和创造才具体而不抽象或盲目。

问：现代生活中"欲"的问题异常突出,触目所见都是性(Sex)的各种变形或不变形的书写。

答：现代的纵欲、毒品、性放纵、"极度体验"(limit experience),其中包括将精神性注入原始兽性中的"身心陶醉",与中世纪禁欲一样,并不能解决人生问题。由于放逐了时间性的珍惜,失去过去,现在便成了野兽性的空、无。人类学历史本体论之所以把"情欲论"作为儒家四期的主题,提出"情本体"、理性融化等等,正是面对这个问题。也因此强调从科学上去探讨生理欲求与社会理性的各种不同比例、不同结构、不同层次的配置组合和构成。人的两性交合的姿态、方式、技巧比动物便复杂丰富(印度《爱经》、中国房中术等),所得到的生理满足恐怕也大一些,更不用说人类历史使之向感情和精神方面的极大伸展了。吃饭也如此,不只是满足生理性食欲,去除饥饿,它历史性地日益成为"人生一乐",不但是味觉官能的精细发展,而且更是精神享受的审美愉悦。"绿蚁新醅酒,红泥小火炉。晚来天欲雪,能饮一杯无?"(白居易)理欲交融构成了人性感情,使人是动物却不止于动物。情欲在时间中的暂时性和有限性本是感伤的缘由和起因,但把它存留在时间性的珍惜中,便成了"情本体"的组成部分。

问:这似乎是以历史性的"情本体"的不断发展、展开来窥探宇宙的奥秘,就是你由实用理性和乐感文化生发出来的"审美形而上学"?

答:牟宗三讲道德形而上学,认为宇宙秩序即道德秩序。历史本体论则认为宇宙秩序乃审美秩序,这秩序是感性又神圣的。"采菊东篱下,悠然见南山。山气日夕佳,飞鸟相与还。此中有真意,欲辨已忘言。"什么"真意"?即安顿此在意。"佛是人的潜在情感性的生长完成,这也就是'美育代宗教'之可能所在,也就是宇宙本身作为物自体的情感、信仰所在"。(《实用》下篇)

问:你的理论是以审美始,以审美终;以"度"的本体论始,以"美育代宗教"终。

答:这也就是在人生和人心中追求合理而不断生存、延续的宇宙秩序(cosmic order)。它并无一定之规,而是在不确定中去发明和建造。其关键和根本点便是"度"。所以《历史本体论》

开宗明义讲"度"。它以人在一个不确定的宇宙中建立起秩序为起点,而不依赖于任何外在的绝对精神或上帝、鬼神。建立本身("度")便是"宇宙-自然物质性协同共在"的"神意"所在。

问:为什么要"秩序"和"度"?

答:人的外在物质肉体生存需要秩序(order),否则没法生存,内心世界也如此。Gombrich 写过一本书《秩序感》讲述美感的缘由。人类学历史本体论曾一再说明,人以生产实践活动对各种形式(平衡、节奏、韵律等等)的感受、把握和运用(进退、起伏、高下、虚实、呼应……)亦即技艺(art),构成"度的本体性"而获得生存、延续。这种形式感受和运用既是物质-社会的,又是心理-感情的。人由于制造—使用工具的度的技艺,使动物性适应环境的"本能"活动变成了"真正的创造"。这也就是"以美启真"的开始,也就是上面讲的存在论(本体论)的开始。即使今日建筑艺术以一种似乎是破坏传统的均衡、对称等形式秩序开启了后现代,也仍然是以一种新的形式感秩序感来参与创造人的现代生存和生活。正如我从哲学上以"客观社会性"替代"普遍必然性"(《批判》),以"度"替代"有"(《历史本体论》),以"情本体"替代"理"、"心"、"性"、"气"(《实用理性与乐感文化》),以不确定、开放、多元来替代确定、封闭、一元一样。Heidegger 承认并强调技艺在原初阶段可以得到"技进乎道"的"本生"(Ereignis)

快乐。我以为即使在被科技机械统治的今天,科学家们工程师们仍然可以在他(她)们的发现、创造和制作中得到这种快乐。它不只是智慧的愉快,而且是人生的满足,包括其中可以产生参透宇宙奥秘所引发的神秘或神圣感觉。这正是实用理性与乐感文化交会之处。总之,最先出现在制造—使用工具的操作实践的"度"中的"以美启真",建立起"度"的本体性的实在,发展而为"义"、为"善",为"以美储善"和"以美立命"。

问:小到手工技艺,大到治国安邦,之所以都可称"艺术",也就是其中有"度"的本体性?这就是栖居诗意的"家园感"?

答:对。在这种形式感中可以安身立命。你没看到好些生活极度困苦艰辛中的古今手工艺者,却可以沉醉愉悦在("乐"在)自己的小小的制作创造之中吗?以此作为人生的寄托和安顿。"此心安处是吾乡",这正是某种本源意义的"以美育代宗教"。

问:在这里,"度的本体性"就与"情本体"联系起来了?

答:对。"情"有许多层次和方面。有与欲望相连的情,有纯智快乐之情,有人世之情,有脱俗之情,有神秘经验之情,有功名利禄之情,林林总总,不一而足。人类学历史本体论所说的"情",根源于度的本体论即在形式感的创造和把握中所产生的与宇宙-自然("天地")的同一感,它是"天地境界"的根基,这"天地境界"虽并不等同于传统的"孔颜乐处",却是它的承继和发展,即均以非人格神的宇宙-自然为人的神圣源起和指归。

问：所以结论仍然是：不是语言，而是对"度"的本体性的创造和感受，才是家园，才是心理—情感的最后安顿处。

答：不是在孤独荒野中呼喊超验的"上帝"——耶稣，而是就在这无所凭依的物质世界和人际关联的艰难跋涉中去创造形式，寻得家园。

问：处理这么大的问题，你这答问太简单草率了。

答：诚然。既疏漏，又重复。老人爱讲重复话。而且有点乱七八糟，不过这倒"后现代"。可惜不能用当今时髦词汇如"遮蔽"、"绽出"、"颠覆"、"他者"、"镜像"、"共谋"、"失语"、"编码"、"解码"、"共时性"、"历时性"等等把它组装起来，以显示深沉学理，繁复好看。宗教是几乎涉及每个人的问题，那就回到答问开头，还是把对它的哲学谈论交给日常语言和百姓生活吧。

2008 年 4 月于 Boulder, Colorado

四大皆空还得活

问：你在《历史本体论》最后讲"人生本一悲剧"，其中提到"闲愁最苦"与"何时忘却营营"的矛盾，这其实也涉及宗教问题，但未展开。

答：以前谈过了，这也就是我一再说起的，"四大皆空还得活"。

许多人做了和尚，不仍然要转入门派分歧和斗争吗。各宗教教派冲突的大量流血历史，更令人惊心动魄。至今如此。

问：这主要还是"人活着"这一根本主题生发出来的生命价值、人生意义何在问题的虚构与争夺？

答：即使大讲灵魂超度、蔑视人寰的许多宗教也如此，而这恰好是它们所虚构的神言天授的教义所造成的。所以我说并非宗教的儒学在这点上倒比较高明。

问：你已讲过不少。再讲讲？

答：儒学因为知道，即使"四大皆空，一切都可以虚无化"，但是人还得活着，想要完全泯灭肉体、只留精神，去掉肉体的所有生存需要，根本不可能；于是干脆肯定此活、此生、此世，在其中去寻觅价值、意义、道路、真理，使得这个"人活着"更为实在、丰富、圆满。从而，历史在这里就变得十分重要。人都是一定历史的存在和一定历史的产物，身心都受历史的制限，却又在创造历史和突破历史，在这历史性的现实生活中去展开追求。这其实就可以说是"极高明而道中庸"。

问：这就是你说的"历史进入形上"？

答：形而上学追求那绝对的本体、存在、真理，总以某种超历史、超时空的精神性为旨归。但我一直认为，没有肉体就没有人的精神。如果你并不相信有一种独立存在的、可以脱离物质和肉体的精神，并不相信有超经验、超历史、超时空的上帝或神明，那你就还得在这物质性的人的历史活动中去追寻那超脱的精神和理想。

问：这是不是就是你所谓的"人与宇宙的物质性的协同共在"的"理性神秘"所给予你的精神和理想？但你这个"共在"作为不可知的物自体，被人批评为只是"物理学的共在"，不可能具有令人敬畏、崇拜的精神性，从而也就与情感、心灵、信仰无关。

答：不然。的确是没有此物质性的存在便没有历史的人，但将这个物质性作为不可知的物自体来对待，这本身便是人的一种饱含情感信仰、心灵追索的理性、理念、信念。我不是常谈起夜望星空的感受吗，它并非一种认识行为，也不是物理学的探询，而完全可以是人的一种精神寄托、情感诉求和心灵皈依。宇宙整体是超出人的经验范围的，任何人不可能经验到整个宇宙的存在。但这个宇宙并不发号施令，并不言讲宣说，"天何言哉，四时行焉，百物生焉，天何言哉"（《论语·阳货》），这不奇怪之极而足以信仰、敬畏吗？"神秘的不是世界怎样存在，而是世界竟然存在"（Wittgenstein），这不可以也产生一种深层的情感信仰么？

问：但人的历史加入进来后，创造了许许多多的悲喜剧目，成败得失、离合哀乐、存废断续，而这些都与超历史的宗教性情感毫无关系。

答：物是人非的历史性的感伤，使这些剧目恰恰确认了人的有限性，从而去追求无限。历史在消逝，客观时间在消逝，人都会死，事业都会泯灭，"有"都走向"无"。而在中国传统文艺中所表露、传达、寄寓的物是人非之感，却恰恰让这个历史的客观时间，主观化为情感的时间性，从而使"无"又变成"有"。人对历史的存在与消亡的这种情感领会、心灵感悟，使人对"去在"（Dasein）的人生更加珍惜，使生命价值、人生意义和归宿问题变得更为凸显了。

问：是这样吗？

答："人世几回伤往事，山形依旧枕寒流。"（刘禹锡《西塞山怀古》）年华逝去，物是人非，中国诗文中这个主题咏叹调正是历史具有形上性的最好注脚。山形、寒流，并非即是此山此水，而是指向无限广远的那不可知的宇宙存在。相映于这个大存在，人世一切，包括任何事功、勋业和声名，又是何等渺小。"滚滚长江东逝水，浪花淘尽英雄"，"一壶浊酒喜相逢，古今多少事，都付笑谈中"（《三国演义》开场词），不感慨万千而获得超脱与领悟吗？这不还是那个"闲愁最苦"、"何时忘却营营"的根本矛盾的展开和显示吗？

问：那么应该怎么办？

答：儒学的回答是保持超脱心态，却仍执着于人间。这在《华夏美学》里已讲过了。在这里，历史与永恒相映而对视，便使得"人如何度过此生"显得更为悲怆和紧迫。尽管咏叹的可能只是风花雪月、山水草木，但它们却可以是"人与宇宙的物质性协同共在"的"有意味的形式"。

问：历史使山水草木、风花雪月具有了意义，把风花雪月也挤入形上？

答：本来，山水花鸟离开了人的活动与观照，也就并无意义、价值之可言。中国传统使它们成为不需要有人格神之言说命令的依托和归宿，以青山长在、绿水长流的风花雪月，使内外会通、古今交集而珍惜此生。披载着历史沧桑的"山川依旧"强烈地指示着人的暂时和有限，使人与天地自然合一的超脱情怀攀上了新的阶梯。"有"（历史的延续）是"无"（历史的消失），但经"无"而更"有"，这便是我讲的"审美形上"和"历史进入形上"。

问：这就是你说的"主观情感的时间性"（感伤、眷恋、了悟、珍惜）将客观历史的时间送入形上？

答：历史在审美中获得了精神性的情感存在，这不是认识论问题，而可以是形而上学的问题。它因为具有具体历史内容的主动把握，就不同于 Heidegger 的空洞深渊。后者的"去在"（Dasein）正由于缺乏具体内容，便使人成为盲目服从却冲行不已的士兵，后与纳粹相通，造成了巨大的罪恶。

歌功而不颂德

问：那么你这个"人与宇宙的物质性协同共在"是精神现象学么？

答：如同 Hegel 的精神现象学一样，世界历史的偶然、多变、繁复、杂乱，使人的精神、意识、思想、情感、观念、信仰产生了极为复杂的诸多变异。其中极为突出的一项，便是事实与价值、历史与伦理的二分。

问：Hume 的事实与价值的二分，是西方哲学的经典命题，至今四海遵循。虽有人驳难，却并不成功。

答：这涉及价值论的大问题，其中有各种不同的理论学派，它们的确与情感、信仰相关。当然这里无法详说。

问：那么就简单说说吧。

答：无非是认为价值是主观（兴趣、利益）、客观（对象）、主客观关系三大派理论（可参看 R.B.Perry《现代哲学倾向》）。价值当然与情感、信仰相关联，例如以圣战、以修身、以伺奉上帝、以某种主义为最高价值而为之献身，等等。另方面，也与认识相关，你认为某种信仰、信念（如主义）或对象、事实（如战功）是有价值的，从而又与事实相关。虽是情感的，却又主要是你选择的，与认识便不无关系。

问：Is（"是"）不能推出 Ought to（"应该"）是西方哲学最大难题之一，至今仍在争论。

答："是"与"应该"确有区别。"这是一本书"（事实）与"这是一本好书"（客观价值判断）或"我喜欢这本书"（主观情感表达或价值判断）。后二者与价值问题有关，前者无关价值。C.P.Snow 提出"两种文化（科技与人文两种知识人）"相互排斥或互不理睬的著名论断，突出了在社会层面上的这种现实分裂。

问：你所关注的正是在社会层的根源上两者本不干还是本为一体。有学者认为，你那"人类生存延续"只是事实判断而与价值无关。

答：这就是焦点所在。我认为"人类生存延续"既是事实判断也是价值判断，是真也是善，而且是根本的善或"至善"。这我已多次强调说过了。我以为，也只有从这个哲学视角出发，才能解决价值是否另有根源、从而可与事实二分的难题。价值与善恶、与伦理道德确实密切相关，事实则只讲对错而主要与认识相关。但是，人类总体物质性的生存延续，既是价值的源头，也是事实的开端。只有这样才可以从根源上使二者统一、一致。

问：但历史发展却使二者经常分裂。

答：对，这就是我几十年来所讲的"历史在悲剧中行进"（历史与伦理的二律背反）的重要内容之一。"人类的生存延续"经常产生事实与价值二分的局面。恶行推动历史的进步，例如战争；某些雄才大略的英雄豪杰，其品德人格却恶毒奸险残酷狡猾。从这个历史角度来探讨事实与价值二分，才能了解和领会"人类生存延续"悲剧的深刻性和其追求二者统一的理想性。

问：你不是提出"度的把握"来调解和平衡二者的分裂么？

答："度的把握"极不容易。它是一种动态行进，而并不完全等同于"中""和"、mean。雄飞雌伏、斗争妥协，在特定情况下都可以是"度"。矫枉必过正,可以是度;矫枉不过正,也可以是度。"度"的难以把握,造成了大量悲剧的增多和加深,这样的事例举目可见。

问:在历史人物评价中也常有这个功、德问题。

答:不知道你知道这个故事否。安史之乱,唐玄宗携杨贵妃西逃,命太子监国,而太子却在甘肃宁武自称皇帝,是为唐肃宗。他使父亲失去皇权,平叛后也再未复位,成为白居易所夸张描写的"孤灯挑尽未成眠"(《长恨歌》)的可怜太上皇。当时和后人都肯定肃宗平叛的功劳,但认为他在伦理上有夺父皇位的不孝大过。元结撰《大唐中兴颂碑》便"歌其功而不颂其德"。其实唐太宗更如此,亲自射兄杀弟,逼父让位,却是一代英主。

问:因为英主使老百姓得到了好处,"有大恩德",人们不仅不谈其过,还要美化其德。历史和现实中这种事例太多了。这当然也可说是两种不同价值和价值观的分歧和竞争。

答:宋明理学却常常是尊品德、轻事功,他们并不理会秦皇汉武、唐宗宋祖,却大讲那虚构出来的内圣外王、道德事业合一的"三代之盛"。他们这样做,完全忽视了、其实倒是更突出了这个价值与事实二分许多时候难以避免的历史悲剧前行。

问:这个问题就不是 Hume 那认识论的问题了。这里的 Is("是什么")与 Ought to("应该如何做"),具有了更深刻的历史内涵。有何解读?

答：从人类局部说，事功有益于群体大众的生存生活，经常重于、也大于个人的品德。但就人类总体说，个体的品德却要高于一切事功，因为它是人类奋力塑建为自己族类赖以生存延续所特有的自由意志，即道德心理结构。如前所说，任何巨大事功均将消逝，但人性品德和心理结构必须经久长存。如何理性地对待和处理功与德、事实与价值、认识与情感，的确不是容易的事，却仍然需要努力探讨。Kant、Hegel 的一大贡献，就在于他们清晰地思辨了这个问题。德才兼备、内圣外王、功德合一，确实是人类的远大理想，但实现它却通过了恶作为动力的各种历史诡计。

问：所以你说 Hegel 的伦理学是相对主义，即认为一切伦理均要应时而行，他没注意 Kant 的伦理绝对律令。中国的"三不朽"把"立德"推为首位，大概是注意了这个心理形式的绝对的重要性？

答：对。这就是我在《中国古代思想史论》对宋明理学的肯定。历史一方面在悲剧中前行，矛盾双方均有其道理；另一方面又仍在建设具有绝对性的人性心理，这种心理塑建又恰恰是在各种复杂多变的悲剧中进行。因此对于各种英雄豪杰、帝王将相、名师大家、教主领袖，"神恩"奇迹以及各种宗教、主义，尽管可以如何喜爱、信仰、礼赞，但我认为都要注意可能有另一方面，从而可以"歌其功而不必颂其德"，当然也就更不是敬畏、崇拜的对象。

包括那个全知全能的上帝，那个无力制恶止毁，或者本身就包含着恶和毁灭（参看Schelling的自由论文和印度湿婆之舞等）的神，不也已死在了奥斯维辛了吗？于是，唯一可崇拜、敬畏的，只有中国传统宣扬的"天地之大德曰生"、"生生之谓易"，实乃那与人协同共在的宇宙天地而又不可知的物自体了。

工夫即本体

问：牟宗三极力开掘中国儒学的宗教性，以此作为情感信仰对象，但中国传统毕竟没有耶和华、耶稣的圣言圣行，于是只能找出"天"、"天道"、"天命"来作为绝对、永恒、超验的主宰，作为心体、性体的主题。

答：正因为没有如耶和华、耶稣那样具体的言行，这个"天"、"天道"、"天命"的"本体"就始终没法讲清楚。而最后只好归宿在感性经验的神秘中。

问：似乎成了一个空幌子？你倒讲过天道即人道，特别就社会来说是由人而天，就个体来说是下学而上达。

答：宋明理学也讲过人道即天道。当然，天道并不等于人道。"天"是那个不可知的物自体，但正是人使之变为人道，从而经世致用、济世救民，因此既是人道也是天道，天道就体现在人道中，经由人道而得以落实。我以前讲过，家国的兴亡、百姓的安危、万众的忧乐、族群的延续，这就是人道，亦即是天道。以天下为己任才是儒学本色，也是儒者寻觅和建立自己人生价值、生命意义之所在，而不是个体的成仙作佛、成德入圣。

问：这就与你从前讲的联系起来了，个人修养并非就是半日读书、半日静坐，并不就是读《先天图》、学孔颜乐处的那种个体精神超越或灵魂拯救。

答：儒学的主要心灵安顿仍在人间，"己欲立而立人，己欲达而达人"（《论语·雍也》），"先天下之忧而忧，后天下之乐而乐"（范仲淹《岳阳楼记》）。这就是儒学的进德修业、成德入圣。

问：从这里讲事实与价值的统一，倒贯彻了一种既承续又前行的追求历史、创造命运的形上精神。它远不是思辨的抽象，更非神秘的修为，而是实实在在的人生处境和理想追寻。

答：这也许才是中国的形而上学。人类生存延续、不断改进，才是"天道"、"天命"之所在。所谓"天不变，道亦不变"（董仲舒），本应指的就是这个变动不居的人类生存延续的人道即天道的不变。这也才符合变易、简易和不易的中国传统："变易"这里无须解释，"简易"即以简驭繁，用简明的道理统帅、治理天下，"不易"者即人类生存延续、长久生存。离此而言"天道"、"天命"，无异于南辕北辙、舍本逐末。这就是我为什么要讲"历史进入形上"。

问：这似乎回到了你所强调的中国文艺以无垠山水来对应世间功业，企图跳出功德两分、人世烦畏，使心境超脱至那无人格的物自体，从而以美育代宗教？

答：审美有此"历史进入形上"，才不只是观赏自然，而是以深刻感伤和领悟历史的超脱心境来平衡积极入世，却仍执着人间。但我强调说过，宗教永远不会消灭。现代生活的偶然性急剧增大，命运不可捉摸、难以把握之感的急剧增大，人生意义的虚无感、幻灭感的急剧增大，这都会使渺小一己去寻求巨大皈依对象的需求愈发增大，从而各种宗教信仰也会日益增多或增大。一个全知全能、具有位格的上帝仍然会被很多人永远信仰和崇拜，并且完全可以是"正因为荒谬，所以我信仰"（Tertullianus），各种变形的宗教，如政治宗教和各种邪教也可能应运而生，并获得人们信仰而流行。因之，所谓"美育代宗教"虽有普遍性，但实际上却只适用于那些不相信任何宗教的人们，即以审美超脱的方式和态度去对待人世、处理事业，净化心灵、皈依天地，阅历世事人情。历史进入审美，让个体在日常生活的心境上也能走向永恒，一山一水的普通场景也可以是"此中有真意，欲辨已忘言"（陶潜《饮酒》）。

问：宗教总有终极关怀作为灵魂依托。你这"美育代宗教"有没有？

答：当然有。宗教的终极关怀，皈依于那种超历史、超时空的神，而"美育代宗教"的神性，仍然归属在"人与宇宙协同共在"的天地国亲师的历史中。"鸟兽不可与同群，吾非斯人之徒与而谁与？"（《论语·微子》）只有这样，才能"知其不可而为之"（《论语·宪问》）。这也就是"四大皆空仍执着"而不是"四大皆空人消亡",事实上也消亡不了,还得活着,还得活下去。

问：但各种宗教,包括宋明理学,都有或祈祷或静坐或自虐等等"工夫"。

答：这我在讲感性经验的神秘时说过了。这种神秘的经验和苦修冥坐的工夫,可以对身心有好处,包括今日的气功、瑜伽等等。但我不相信它们是通神的道路。

问：那"工夫即本体"又如何讲。你那工夫便只是日常行事?

答：这确是把"工夫"极大地扩展了。所作所为、所思所想,莫非"工夫"。其实某些理学家也有类似看法。在所作所为、所思所想中,便可以与"本体"交通,此即"从心所欲不逾矩"(《论语·为政》)。这也需要一生锻炼、坚持不懈,在行动中时时保持着反省与自觉,这也才是"我意识我活着"的最高含义。

问："我意识我活着"是你的历史本体论的根本命题,也是"人活着"与动物之"活"不同的根本所在。

答：正是。"是故君子戒慎乎其所不睹,恐惧乎其所不闻。莫见乎隐,莫显乎微,故君子慎其独也。"(《中庸》)我以为《中庸》所言,从"我意识我活着"的人类学历史本体论角度,可以取得某种真正的"致广大而尽精微"的解说。

问："慎独"古今讲得很多,但也向无确解。你这说法似乎特别。

答：可能。宋明理学因受佛教影响,常把"慎独"说成个体修养与冥思静坐所取得的神秘经验,这实际就把《中庸》讲的此世间的"三达德"(知仁勇)、"五达道"(君臣父子夫妇兄弟朋友),完全分离和丢失了。我讲的工夫恰恰就要实现在这"五达道"、"三达德"之中。"工夫"本就要在人类社会实践的这个"本体"中实现,才能真正叫做"工夫即本体"。因此它就不是静坐冥思所取得的个体神秘经验,而恰恰是在社会实践活动大至经国理政、小至日用常行之中所应当把握好的"度"。这看起来平淡无奇,却极不容易,人类百万年的生活历史才使得今日对此略有认识和把握,人类正是在历史悲剧和二律背反中来不断建立起"本体"。

问:但人们却有你所不认同的感性神秘经验,静坐和祈祷可以做到一思不起、一念不存,心灵净化,如经洗涤,从而超凡入圣、受神恩典。

答:这些我在谈论 William James《宗教经验种种》时也讲过,不重复了。中国传统的各种"返身而诚"的工夫,如以曾子三省吾身为典范,却都与非常具体的与人情世事相关联,并不是那种抛开人世、卸掉肉体的灵魂探求。《中庸》也如此。包括鬼神所监视的,也是世事人情。

问:"致中和,天地位焉,万物生焉"(《中庸》),能够与如你所说的"人与宇宙物质性的协同共在"相通吗?

答:有意思的是,《中庸》讲凡夫俗子都知道和实践的道理和活动,"及其至也,圣人亦有所不知焉"、"有所不能焉"。所谓"人与宇宙物质性的协同共在",也就是人通由物质性的实践活动去"参天地、赞化育"。因之,"本体"乃是人类群体社会实践参与的本体,"及其至也",圣人也不知不能(不可认识、不能参与)的物自体宇宙本身,它是人类实践和认识的极限,但又不是某种精神性的神秘上帝或绝对理念。因此,所谓 Being 就是物质性的宇宙行走本身,这就是中国式的形而上学。

问:这不与刚才所讲的人能"参天地、赞化育"直接矛盾吗?

答:这是说,宇宙及其规律为何存在,是包括圣人也不可知晓、不能参与的,但宇宙的许多具体规律规则却是人的创造发明(参见《认识论纲要·答问》"发现与发明"一节)。"参天地、赞化育"就是以人的创造发明来与宇宙的物质行走相呼应、相配合、相协同、相融会。

我思故我不在

问:这里便是思维本身所遇到的问题。看来你是赞成 Kant 予认识以限制、给信仰留地盘的看法的。

答:可能。思维或意识,一开始便遇到这个问题。《历史本体论》中说,"'我意识我活着'便成为我活着的不可重复、不可复制之所在"。我的肉体可复制,但"我意识我活着"却不能,因为它是随时空环境而变异不同的。从西方哲学史看,Descartes 提出"我思故我在",那个"我在"正是这个"我意识我活着"所创造的思维的主观性(subjectivity)。由此而身心二分、形神二分、主观精神与客观物质二分，到 Kant 与 Hegel 以主观统摄客观，达到唯心论的顶峰。而物极必反，到 Feuerbach、Marx、Dewey、Nietzsche，就翻转这个主观性的统摄，突出了这个"我们"和"我"的肉体性、物质性，而进入后现代。但这个翻转过来的肉体之"我"，到 Heidegger 便成了"向死而生"、盲目冲行的空洞深渊。这我多次说过，上面也提到了。

问：你说这个大家都知道的哲学史常识干什么？

答：我是想说，当你在说"我意识我活着"时，这意识的内容和形式便已不是那个自然物体、物质的我了。"我思"的工具是语言，语言恰恰不是个体私有的，而是社会、时代的产物。"我思"的内容也是与外界人际和自然相关，包括"我"这个词语、概念也是社会的、群体的。本来就没有什么纯然的"我"。

问：那"我"这个概念便可以取消？

答：不然。"我"这个概念是人类生存发展中的产物。自意识很重要，而且越来越重要。自意识"我活着"不可重复、不可复制，才可能有感伤、眷恋、了悟和珍惜。珍惜也就是爱此人生，包括爱自己的一生，包括身心。只有在爱中，虚无才能消失。包括对古迹、废墟（无）的审美观赏，都正在强烈提示着"我"这个存在的有限性特别是其暂时性。这种历史的感伤，使过去成为现在，把线性的客观认识的时间化变为非线性的、可反复的主观情感的时间性，而更显示出"我"既有限却重要的此生、此活。那个纯然生理的动物之"我"似乎不在了("我思故我不在"),但那个人世的"我"却建立起来("我思故我在")。这并不是意识产生存在,因为这个"思"来自先于思的"在",这"在"既是作为个体的肉身动物的存在,又是与人们的历史性(社会、群体、时代)的共在。肉体的我恰恰正是在"我思故我不在"中深刻地被感知和珍惜其"在"而区别于动物。

有意思的是,动物生理的"我"和与神合一的"我",竟同样可以是那"我思故我不在"中的后一个"我",也许这就是冯友兰讲的"自然境界"与"天地境界"相近而迥然不同?其实二者中的肉体都在,只是意识(前一个"我"之"思")处于不同的位置罢了。从心理结构的角度说,后者也许就是我所讲的"审美四集团要素自由游戏"所造成的移情(我—客—神之统一)而肉体的"我"就不再存在?

问:你讲的这些,是些主观性的东西。

答:又不尽然。我赞赏熊十力"一室千灯"的说法,我也讲"一室千灯"。这在客观生活中就是每个人各有自己的世界,各有自己所感知、理解和行动于其中的北京、上海、东京、纽约等等。每个人都处于这个虽与他人共在其实非常狭小的圈子里,在生活上、情感上甚至认识上,也可以并不相干而自得其乐。"人们的悲欢并不相通,我只觉得他们吵闹"(鲁迅《而已集·小杂感》),"严霜九月中,送我出远郊,……亲戚或余悲，他人亦已歌"（陶潜《挽歌》）。在这里，人既不是纯粹的个体存在，也不是与神同一的整体存在，因之，所谓追求超脱，到底是否定这大小圈子皈依超验神灵？还是在感伤、珍惜的心境中去努力把握"我"所独有的"去在"（Dasein）？是纵欲（或禁欲）、吸毒、施暴、流浪，了此一生（身）？还是安宁、节制、居住、诗意生存？是宗教还是审美？是极力去掉"烦"、"畏"以求本真？还是"慢慢走，欣赏啊"（朱光潜），就在此"烦"、"畏"当中求得本真？当然，人各有自己不同的选择或决定，不能强勉一致。

"我思故我不在"，同时就是"我思故我在"。由于"历史进入形上"，所以美学成为了第一哲学。审美也就并不那么轻松了。美学也因此不能翻译成 aesthetics，但又似乎无他词可代，只好在此强调说明。而由唯物论基础出发的人类学历史本体论，也到此留步了，虽意远未尽，却只好打住。如何？

2016 年 2 月，波城

答高更（Paul Gauguin）三问（2015）

何道林（下简称"问"）：2015年10月在美国夏威夷大学由世界儒学研究联合会举办的"Li Zehou and Confucian Philosophy"（"李泽厚与儒学哲学"），据说是第一次以健在的中国大陆人文学人为题的国际学术研讨会？

李泽厚（下简称"答"）：有些人这样说，但我不清楚，这也不重要。我所知道的是，这次论文将结集出英文版。

问：你本人也参加了这次会议，并作了英语发言，能否谈谈？

答：会议的语言主要是英语，我没有提交和宣读论文，只在讨论中作了几次发言，也没有发言稿。

问：仍然希望你介绍你的发言。

答：那我现在就用中文综述一下，并作些补充。

我们从何处来？

问：就这样。还是用你习惯的问答体，请讲。

答：内容以前基本都讲过，这次只突出了几点。我带去了自己那本书《人类学历史本体论》（天津社会科学院出版社，2010年，第三版）的封面，封面上有一幅后印象派大家 Paul Gauguin 的晚年名作。其标题是："我们从何处来？我们是什么？我们往何处去？"我不懂法文，英译是："Where do we come from? What are we? Where are we going?"这三问恰好表明了我要探求的问题，我把这本书的封面撕下来，带去给大家看看。

问：这三问也就是你提出的："人类如何可能？什么是人性？何谓命运的哲学？"

答：对。首先讲第一问：人从哪里来？一般有两种回答，一是上帝造人，人由天国乐园堕落而来，不断救赎自己，经最后审判而重返天堂。古希腊神话也有以宙斯为首的活灵活现的神的世界，这已给了答案，所以西方哲学似乎很少提出这个问题。而自 Nietzsche 喊出"上帝死了"以后，现在学术界则流行社会生物学，认为人是由动物基因突变（gene mutation）而来，因此人类社会只是动物界的继续。

问：这就是说人是一种无毛的猿，与动物无甚区别。动物也有社会组织，也有伦理，甚至也有政治权术。这一类的论述有很多，非常出名，传播甚广，影响很大。如《裸猿》、《黑猩猩的政治》等等。

答：因为这会议的题目是"儒学哲学"，我就说，中国的儒学恰恰不同意这两种看法，而认为人类文明（civilization）、文化（culture）都是历史的产物，有一个历史形成、发展的进程。概括起来，可以说是人类本身创造了自己。这也是我几十年来的基本观点。

问：如何说？

答：虽然中国古书也讲"天生烝民，有物有则"，"天命之谓性"，但这个"天"、"天命"以及"天道"、"天意"等等，都是相当含混模糊的，中国没有明确的创造主（Creator）的观念，也没有创造过程的记述。"天生烝民"的"天"，也可以解释成自然的天。这就相当不同于《旧约》里那个有许多具体的作为、语言，能够发号施令、创造世界、创造人类的人格神上帝。

问：你经常引用《新约》的"太初有言"（语言）与《周易》的"天行健"（太初有为）相比较。

答：我又一次引用《浮士德》讲"太初有为"与"太初有言"，并且说，我所讲的"为"是指人类自己的"为"，而不是天的"为"。我认为，中国的"天行健"，与"人性善"一样，是儒学的一种情感态度，是儒学的"有情宇宙观"，而不是客观的事实描述，实际不过是人类行为的情感借喻和信仰反映。

问：我知道你能背诵《约翰福音》第一章。你过去主要是以此比较西方的"Logos—逻辑—语言—理性"与中国的"道始于情"、"礼生于情"等等。

答：这次我强调儒学最重要的特征之一，是注重历史。作为巫史会集交接点的《周易》以及其他中国古籍，描述上古是"穴居而野处"，提出人类有这么一个有巢（巢穴居住）、燧人（取火）、伏羲（渔猎）、神农（农业）、黄帝（手工大制作）前后连续的时代，这是非常明确的历史进程。几千年前的描述，与今天的人类学研究若合符契，这一直使我赞叹不已。

问：赞叹什么？

答：赞叹儒学哲学的"强烈的历史意识"（the strong consciousness of history）。《战国策》里有"前事之不忘，后事之师"，章学诚有"六经皆史"的说法。所以我说"天地国亲师"的"师"远不只是老师，主要应该指历史。老师教的主要也是历史，在幼童主要传统读物如《三字经》、《龙文鞭影》里大量的也是讲历史，而不像西方讲《圣经》故事、希腊神话。中国史书从未间断，最为丰富，世界第一。从"六经"到《史记》到《资治通鉴》到历代正史以及各种稗官野史，大量记述的是这个世界、这个人生各种基本经验、悲欢离合、大体真实的故事。这是中国文化的中坚内容。

中国人的强烈的历史意识，正是中国"人活着"的背景、依靠和根据，日常生活和文化艺术、诗文小说无不表现出这一特质。这才是儒学哲学的根本精神。人之所以在这个哲学中的地位极高，"道四术，唯人道为可道也"（《郭店竹简·性自命出》），人之所以能"参天地、赞化育"（《中庸》），就是因为人本身是能"为天地立心"（张载）的历史创造者。

问：你由此把它扩展到人类，强调以"制造—使用工具"作为人类的起源，不是上帝造人，也不是基因突变，而是自己造出不同于动物界的物质文明和精神文化，从而成为人类，便是这种儒学哲学根本精神的继续？

答：对，正是如此。它正是我所讲"巫史传统"的"史"的重要且具体的内容。而这，也就区别了《周易》与《圣经》，亦即区别了人与神，而且也区别了人与动物，因为动物只有进化史，没有自己的历史。儒家非常强调人禽之分、人兽之别，当然无法认同也就根本区别于现在非常时髦的自然演化说和社会生物学。

问：这也就回答了 Gauguin 的第一问？

答：有意思的是，Gauguin 这三问，原本有其少年时代受天主教学校教育的背景。Gauguin 这三问用的是"We"而不是"I"，是"大我"而非"小我"。我很高兴在这次会议上有两篇外国学者写的文章，非常重视或赞同我讲的"大我"与"小我"、"主体性"（subjectality）与"主观性"（subjectivity）的区别。这两对概念并不相同，也不直接相关，前者群体个体之分很清楚，后者则不仅涉及群体个体，而且更是物质性与精神性之分。英文并无 subjectality 一词，这词是我造的[1]。那位 Slovenia 学者说她本土语言中也有这样区分的两个词语，我听了如空谷足音，非常高兴。我这些说法，曾经受到国内自由主义学者们的一片猛烈攻击。但我至今仍坚持一切均历史产物，小我的自我意识相对于几百万年的人类来说，只是非常晚近的成果。正如婴儿和今天的人工智能，便很难说有"我"的意识。

我们是什么？

问：Gauguin 第一问，似乎已作了回答。那么第二问（我们是什么）呢？

答：我的回答是，我们是一种制造—使用工具并有人性心理的动物。

问：人是动物，这大概没问题，关键就在什么是人性了。你上世纪七十年代就说过，人性一词，古今中外大量使用，却从无公认的定义，仍然相当含混、模糊，有时偏向动物性，有时又偏向超动物性。

答：用我的说法，人性主要是指人所特有而为动物所无的文化心理结构。落实到个体上，便是情理结构。

问：Aristotle 说过，人是理性的动物，强调人所特有而为动物所无

---

[1] 参阅拙文 "Subjectivity and 'subjectality': A Response", *Philosophy East and West Volume* 49.2 (1999), pp.174—183。

的是理性。所以西方哲学多半一直说"理"而不谈"情",崇奉理性,甚至主张理性至上,法庭挂的是公正(justice),也就是理性的公平,所以有个天秤挂在那里。但问题是这"理性"又从何来,也就是你所提及的问题。这个"从哪里来"其实主要属于第一问。

答:我的回答当然就是从积淀而来,就是从"制造—使用工具"中来。但积淀并不只是理性,因为人的心理结构不只是理性。我在1980年发表的《孔子再评价》提出"仁的结构"中的"心理原则",突出的恰恰是"情"而非"理"。人性是人心的情理结构,而不只是理性。理性如前面所说,常常被认为是上帝的"言"(语言 - 逻辑 - Logos,等等),因此可以完全无关于人的实体存在、生物本能、生存需要和生理欲望,Kant的超人类的纯粹理性便是如此。

问:你讲情、情本体、情理结构,但动物也有情啊。

答:这"情"是文化积淀的"情理结构",不等同于动物的情;其中有理,但不同于机器的理。这我已讲过许多次了。

问:你在这次会议上,将积淀分为三个层次,以前讲过没有?

答:以前也讲过。第一层,我称之为原始积淀,即制造—使用工具,使人的行动的主体性(subjectality)积淀为人的心理的主观性(subjectivity),其中包括对称、平衡、节奏、韵律等等秩序感、形式感的建立,当然更包括动作语言(手势语)和发声语言(主要是语义)。此即理性的出现。当然还有主体间性的冲突与和谐、协同与分离等等感受和经验。

我非常欣赏这次会议论文中有一篇以近二十年考古学的新分支——认知考古学的研究材料，从原始石器和手的变化等方面来论证和赞同我的积淀说。这是一位美国学者写的。我讲，这是对我非常重要的科学支持。在西方，Nature 经常含有某种固定的意味，而我所谓 Human nature（人性）实际等同于 Human psychology（人的心理），是变异的、进化的，是在动物生理基础上，人类自己塑建起来的。这 Psychology（心理学）一词，我只把它作为一种哲学概念，并不等同于今天实证的、经验的心理科学。

问：当然，你所谓"人性心理"，以及"情理结构"等等，都只是一种哲学观念，细节和论证还待以后的科学发展。那么，积淀的第二层呢？

答：那就是不同文化的不同积淀了。由于社会组织、人际关系、意识形态、宗教信仰、生活形态、价值观念、思维方式、情感表达都颇有不同，形成了不同文化。这便形成了不同的心理积淀。我常说，Kant 虽然不进教堂，也未必真相信那个人格神的上帝，但他提出的超人类的纯粹理性、超现象界的本体，我以为仍然有上帝的影子。他所追求的普遍必然性，也是"两个世界"的文化心理积淀在哲学中的表现。

问：你在 1979 年的《批判哲学的批判》（下简称《批判》）一书里，便提出客观社会性替代 Kant 的普遍必然性，这一点至今没有人注意。

答：对，没人注意和重视。Kant 强调先验性的普遍必然，如同西方讲的"天赋人权"、"人生而平等"一样，是一种没有来由的原理、原则。西方老百姓或学者们也不一定都读《圣经》、信上帝，但总觉得有个上帝在。中国并无此心理积淀，"天"在中国人心中仍然是如王国维所说的半神半自然。天是 Heaven，又是 Sky，既主宰又并不绝对，也并不普遍必然，相反，"人定胜天"倒是常常被人乐用，人们信奉、依靠的是各式各样、虽神圣却世俗且多元、常带有历史故事的神明，如关帝、妈祖、观音菩萨等等。对西方人来说，先验就是先验，不必问从哪里来，对中国人来说，常常要问这先验又是从哪里来的，划到哪里为止。中国人只有 go beyond（超脱），没有西方基督教的 transcendent（超验）的观念，这仍然是积淀了的强烈历史意识在主导的缘故。

问：西方强调的超验、先验和普遍必然，其实就是某种绝对性，而你讲的这种历史主义，缺乏绝对性，不妥。

答：不然，我认为绝对性也是历史的成果或产物。无论内在或外在，都是经过长期历史的积累或积淀而产生的。我一再举过杀老与尊老、溺女婴或养女婴的例子。西方普遍必然的绝对性常常来自神，中国普遍必然的绝对性来自人类自身。至于自然科学中的普遍必然的绝对性，我在《批判》一书里已讲过，也许以后还可再讲讲。

问：这些问题当然非常复杂，没法一次讲清楚。那么积淀的第三层呢？

答：第三，就是所有上面两层积淀都必然落实在个体心理上。而个体因先天（如生理遗传）、后天（如环境、教育、经历）的差异，每个个体心理积淀的文化心理结构以及情理结构是并不相同的，而且可以差异很大。正如每个人都有自己的DNA一样。这里用DNA来比喻，只是强调每个个体的差异，它并不是真正的DNA，因为它不是一成不变的，而恰恰是随人的先天遗传的差异，以及后天环境、教育、活动、经历、素养的不同而变异的。所以我一直强调"积淀"是一个前行的进程，是formation、process，这次也讲了这点。

问：所以积淀并不像一些批评者认为，是理性压倒感性，集体压倒个性？

答：与那些批评恰恰相反，积淀使人的个性发展到更多元、更多样，也更细化、更丰富、更复杂，其个性差异远非任何其他动物所能比拟。自然的人化使人外在地具有了超生物的肢体和器官（super-biological limbs and organs），创造了丰富的人文世界，同时也使人内在地具有了超生物的心理结构（super-biological psychology），造成了丰富的人性世界。情感与欲望相关联，"情"（包含"欲"）与"理"的不同比例、成分、先后顺序、交错往返的种种不同，造成了大量甚至无限的个性差异，有如DNA的不同组配一样。也正是这种积淀的个体差异，使其对原有积淀存在着突破或改变的可能。正是个体不同的情理结构，使人具有了创造性。创造性属于个体，包括工具、科技、精神文化各方面均如此。

人类的主体性（subjectality）是生产、活动、群体关系、社会生活等等。人类的主观性（subjectivity）是语言、观念、宗教信仰、意识形态等等。由于积淀的个体差异，使人有可能由突破后者（主观性）而改变前者（主体性），也就是内在人性对外在人文的突破或变异。这就不是 Marx 的经济基础决定上层建筑，上层建筑反作用于经济基础那么简单，而是更为复杂多样了。总之，积淀是在动物生理基础上所塑建、构造而成的。这就是我所讲的内在自然的人化。

我们往何处去？

问：剩下 Gauguin 最后一问了："我们往何处去？"或"我们走向何方？"这似乎就涉及你的"命运哲学"了。

答：我在会上说，"我不知道"。这确实是当今人类遭遇的命运大问题，因为只有今天的人类拥有毁灭自己整个族类的危险和可能。儒家强调知命、立命，今天就不仅是要立个人之命，而且要立人类之命，这当然与哲学有关。所以哲学不只是研究语言，而且也研究命运。我也很高兴在这次会议上，有篇韩国学者的文章，最后提到了我的命运的哲学和哲学的命运。

我以为个体和群体的命运都具有极大的偶然性。所以我说，人类走向何方，我不知道，我只想从哲学领域提出两点意见。

问：哪两点？

答：一是心理学转折。上世纪哲学领域有个语言学转折（Linguistic turn），影响极大，扩及几乎所有学科，分析哲学、语言哲学统治了整个世纪，产生了"哲学旨在纠正语言"、"语言是存在之家"、"文本之外无它物"等等纲领。这与上世纪和本世纪以数字语言、数学语言和理论物理为基础的高科技的迅猛发展有关。这种发展当然还需要继续进行，因为它们使人类物质生活大大改善，人的寿命有很大的延长，这应该高度肯定，不是某些后现代主义和保守主义所能否定的。但这的确也带来不少问题和祸害，如生态破坏、环境污染、贫富分化、人情淡薄，等等等等。

科技作为工具本体，主要是讲理性。理性至上，从而也成为现代社会秩序和人际关系的主调话语，自由主义盛行，个人主义膨胀。而对理性的反动，则是动物情欲的宣扬和倡导，使得个体生存的荒谬、隔绝、无意义日益突出，暴力、吸毒、流浪、纵欲日益吸引人们，人成为半理半肉的两面性的动物。

问：因之你的"情本体"、"情理结构"以及"关系主义"等等，是想以原典儒学的"道始于情"以及一直流传到现在的中国人的生活中常讲的"通情达理"，来提出这个心理学转折？

答：Wittgenstein 讲，Heidegger 也有冲破语言界限的冲动，

Wittgenstein自己则以伦理学来冲破这个语言界限。我提出"情理结构"、"情本体",也是想冲破这个界限,我想以此摆脱理性至上主义,但不是将"情本体"随意地、普遍必然地使用。例如我提出"情本体",但在伦理学中,我却是Kant派而不是Hume派。我强调在人的内在道德心理结构中,不是"情"而是"理"作为主宰,才算道德。这次会议上,我也明确地讲了这一点,我说,Hume只能作为Kant的补充,理性绝不能成为情感的奴仆。理性是道德的动力,情感只是助力。

我在会议上也讲了我的伦理学有三个要点,其中之一是道德心理结构中的三要素(意志、观念、情感),前两者都是理性,观念是理性的内容,意志是理性的形式。但这形式有绝对性,这就是Kant讲的绝对律令(categorical imperative),绝对律令即此心理的结构形式,这也就是自由意志,它是由作为执行内容的相对观念所历史积淀而形成的普遍必然的绝对性。我的伦理学的另两个要点是,我把伦理和道德作了严格的外(制度、风习、规范、律法等等)、内(意志、观念、情感)的区分,并强调了是由外而内,由伦理而道德;还有一点,就是我的传统宗教性道德、现代社会性道德的两德说。因时间关系,没有详谈。

问:也有学者对伦理、道德作过区分。

答:我在会上说了,美国著名作家、哲学家Santayana就作过区分,但与我的区分完全不同。其他学者也如此。

问：你提醒这些很重要，情理结构、情本体并不是那么简单直截。

答：这个心理学的哲学转折，当然不会是现在，很可能要到下个世纪才能出现。但哲学应高瞻远瞩。我在会上说，希望未来的脑科学和医学的迅猛发展能支持我的情理结构说，如同前面提到的，近二十年的认知考古学可以对我的原始积淀说给予科学的支撑一样。

问：看来你的文化心理结构说或积淀说与 Freud 理论是恰好相反的方向？

答：Freud 认为人类的文明或文化压抑了个体的动物性本能、欲望，驱使它们进入无意识领域，例如梦中实现性的欲望，等等。我同意 Freud 这一观点，并认为这是一大贡献，人类文明、文化对个体心理的确有压抑的负面作用。但片面夸大，就引起后现代对理性的全面否定，而导致动物性的行为、心理的"解放"。文化心理结构说更重视文明、文化对人类心理的塑造、构筑的建设性方面，即：人类不同于动物，除理性、语言、思维、逻辑外，也包括情感、欲望，例如使性变成爱，使动物的快乐感觉变为人的审美需要，如此等等，这就是中国儒学讲的陶冶性情。

总之，人性心理恰恰是人类自己经过学习、教育、陶冶而塑建出来的。它既非天赐，也非自然演化，这就为研究人性、研究脑科学提出了一种哲学上的转换。所以又回到了开头所讲的强烈的历史意识的重要，以及教育的重要、学习的重要。"惟敩学半"（《尚书·商书·说命》），"教学相长"（《礼记·学记》）。我把《论语》一书的主题归结为"学"，正是"学"才使人成为人，这是儒学的核心。

问：你对第三问的另一点意见是什么？

答：这就只能更简单地提一下了。

问：请说。

答：二十年前，我提出过希望有"第二次文艺复兴"。第一次文艺复兴是回归希腊，把人从神学、上帝的束缚下解放出来，然后引发了宗教改革、启蒙运动、工业革命等等，理性主义、个人主义盛行，也导致今日后现代的全面解构。我希望第二次文艺复兴将回归原典儒学，把人从机器（高科技机器和各种社会机器）的束缚下解放出来，重新确认和界定人是目的，发掘和发展个性才能。由"道始于情"而以国际和谐、人际和谐、宗教和谐、民族和谐、天人和谐、身心和谐为标的，使人类走向光明的未来。这就是"为生民立命，为往圣继绝学，为万世开太平"（张载），但这又仍然需要人类自身的努力奋斗。

我一开头回答"人类走向何方"时，说我不知道，因为历史有许多的偶然性。我在1979年《中国近代思想史论》中就认为，偶然与必然是历史哲学的最高课题。为什么今天要集中各方力量剿灭恐怖分子和极端组织，就是因为某一天，这些组织中的部分人可能弄到核弹和现代生化武器消灭人类，埋葬这个在他们看来污秽丑恶的世界，把全人类送入他们宣讲的天堂乐园。这也就是为什么我一再讲儒家的"一个世界"和"历史意识"的原因之一。这些就不多讲了。

问：那你的"命运的哲学"对人类走向何方还是很乐观？

答：我提过孔夫子加 Kant，也许可作为我对命运的哲学和哲学的命运的前景展望。关于孔夫子我已讲了不少，如《论语今读》，今年还出版《从巫到礼·释礼归仁》一书。关于 Kant，我想引《批判》第六版(2007)的结束语如下："总结全书，我以为，Kant 哲学提出的是'人之所以为人'即'人是什么'这样一个总命题。前三问（'我能认识什么？'、'我应做什么？'、'我可期望什么？'）都最终归结于最后一问'人是什么'。对这个伟大问题，Kant 从认识、道德、审美三个方面作了文化心理结构即'普遍必然'的人性能力（人性的主要特征和骨干部分）的伟大回答。但'普遍必然'的人性能力如何可能，归结为'纯粹理性'并未解决问题，'人是什么'仍为疑问。于是，这就应由提出'经验变先验，历史建理性，心理成本体'的人类学历史本体论来作进一步的探求了。"但即使如此，即使对未来抱以中国式的乐观展望（乐感文化），但在此也不能和无法多谈，否则就成为可笑的话语了。以此作结。

（原载《中华读书报》2015 年 11 月 4 日，结尾有增补）

【附】2015年10月8日至12日，由 The World Consortium for Research in Confucian Cultures 主办，在夏威夷大学东西中心召开了题为"Li Zehou and Confucian Philosophy"的国际学术研讨会，中、美、德、加、日、韩、波兰、斯洛文尼亚等国学者参加。该会议的论文集已出中、英文版。李向会议提交了下列几则说明：

有关"人类学历史本体论"（简称"历史本体论"）

一、我很早曾提出，Kant的"认识如何可能"应由"人类如何可能"来回答。历史本体论（historical ontology）以人类逾百万年制造——使用工具来获取食物、赢得生存的实践活动，以及这种实践活动经验所构成语言中的语义（理性）、智力和感受（包括秩序感、形式感等等）来论证人类如何可能，强调工艺——社会和个体心理作为生存本体（root, substance, body, final reality, not "noumenon"）即人文和人性的双向进展。其中重要关键是文化向心理的历史积淀（sedimentation）所形成的文化心理结构（cultural-psychological formation）。"Kant那个著名的不可知的感性、知性的共同根源，Heidegger认为是先验想象力，我认为是实践。感性源于个体实践的感觉经验，知性源于人类实践的心理形式，对个体和后代来说的先验认识形式，是由人类前辈经验所历史地积淀而形成的。"（参阅《中国哲学如何登场？》第3页）近二十年认知考古学（Cognitive archaeology）可资参照。

二、这心理积淀不只是认识（理性内构，the construction of reason），而且还有道德（理性凝聚，the solidification of reason）和审美（理性融化，the melting of reason），它们是理性与情感错综交织所构成的"情理结构"（emotio-rational structure），此复杂的"情理结构"即人性（Human nature or human psychology）。为对立于以心、性为本体而突出此结构中的情感（它在根源上与生理欲望相联系，但有不同层次，高层超脱此联系），亦称之为"情本体"（emotion as substance）。

三、于此，中西传统的侧重点有一些差异：

西	中
太初有言 ↓	天何言哉（太初有为） ↓
Logos（语言、逻辑、数学、科学宇宙观） ↓	生活（行动、审美、类比与反馈、有情宇宙观） ↓
原罪 ↓	性善 ↓
神魔斗争 ↓	阴阳互补 ↓
理性至上 ↓	情理结构 ↓
公正（justice） ↓	和谐（harmony） ↓
无限的追求（Faust精神） ↓	有限即无限（"悠然见南山"） ↓
两个世界	一个世界（人生）

四、Karl Marx 由生产工具、生产力进入经济基础、上层建筑的讨论，误认阶级斗争和暴力革命乃当前历史前进的动力，并由"抽象劳动"这个并不能成立的抽象概念推引出共产主义的"先验幻相"（transcendental illusion），虽注意食衣住行乃人类生存基础，却忽略了由制造——使用工具而塑建人性这一巨大问题。人性以及心灵的理论领域仍然为先验主义、唯心主义据居着。如同吸纳消化 Kant 一样，历史本体论以中国的生存智慧、历史意识吸纳消化 Marx，而丰富自己的传统，例如"吃饭哲学"（philosophy of eating）比唯物史观更突出了个体实在。

五、Heidegger 是西方个人主义在精神领域内走到极峰而陷入虚无（向死而生，自主选择、决断、冲行却空空如也的 Dasein），积淀论和情本体或可成为解此虚无、重启建设的中国 Key。它也是对 Wittgenstein 将"语言游戏"从属于"生活形式"（Lebensform）的继续和破展。

六、可见，历史本体论所继承的是中国儒家哲学的"**神**"——生存智慧（度，proper measure）、实用理性（pragmatic reason）、历史意识（strong consciousness of history）、乐感文化（culture of optimism）、仁学结构（the structure of humaneness，见拙文《孔子再评价》）、情本体（emotion as substance）、关系主义（guanxi-ism）等等，而非"**形**"——仪式、制度、服饰、词语、章句、讲疏等等。历史本体论不赞同深受佛教影响的宋明理学（Neo-Confucianism：先验心性论）和

现代宋明理学（Modern Neo-Confucianism：牟宗三的内在超越 Immanent transcendence、智的直观 Intellectual Intuition），主张回归和发展原典儒学（Classical Confucianism：巫史传统，Shamanistic-historical tradition 之孔孟荀、竹简、三礼），建立新的"形"——即中国自己的现代性（包括制度）和中国生活方式。"上帝死了"之后，中国哲学登场。有如陈寅恪所说，"一面吸收输入外来之学说，一面不忘本来民族之地位"（《冯友兰中国哲学史审查报告二》），乃中国传统的真正精神。盲目自大，故步自封，均非出路。

有关"两德论"

一、社会性道德前有"现代"两字，这非常重要。它指出这种道德以前没有，是近现代（modern）产物，它的哲学代表是 Hobbes、Locke、Rousseau、Kant 一直到 John Rawls。这种道德基本上是一种理性的建构。

二、一般说来，在古代传统社会中，没有两德的区分，两者是混合在一起不作区分的，如基督教伦理、儒家伦理（"礼"），也如今天某些伊斯兰国家的伦理，其中情感因素很重，因为宗教信仰的缘故，例如儒家的"礼"，便有对天地祖先的浓厚的宗教情感。

三、两种道德都是历史的产物，并适应于一定的时代。现代社会性道德是以现代市场经济、契约原则、个人本位等为基础并适应于现代人的生活。它已经与传统的宗教性道德分离和区别开，所以我才提出两种道德，虽然它经常受传统的宗教性道德的制约和范导，这制约与范导有好处有坏处。

四、Kant 的 categorical imperative 中的"人是目的"是现代社会性道德，是现代社会的伦理理想，以前并没有。其他两条（普遍立法、自由意志）是一种普遍性（古今中外都有）的人类独有的文化心理结构，是任何道德（无论是传统的宗教性道德还是现代社会性道德）都必需具有的心理形式。Kant 提出这三条都极为重要，非常了不起，是对人性（内）和人文（外）两方面的重要建设，但他把内（道德心理）外（社会伦理，即"人是目的"）混在一起讲，便使人弄不明白了。这是我对 Kant 的独特解释。总之，"克己复礼"：理性的观念通由意志而产生行动，这种自由意志构成道德的动力和特征，情感是重要的助力。

五、我严格区分了伦理（Ethics，外在制度、风俗、规约、习惯……）与道德（Morality，内在心理，即意志、情感、观念），这也是前人没做过的。由前者构建后者，后者反馈作用于前者，这也就是人文（文明）与人性（心理）的辩证关系。历史本体论视人类总体的生存延续为最高的善或"至善"。

有关实用理性(pragmatic reason)与实用主义(Pragmatism)的同异

一、同：

1、两者都反对先验主义，都认为人的认识、道德和审美均由经验而来。

2、都以人类的物质性生存为基础和目标。

3、都非常强调人的操作实践活动，认为理性由此出，理性只是工具，都面向未来。

二、异：

1、实用理性强调人类生存和活动的超生物性，与生物适应和控制环境有根本的不同，这不同起源于使用—制造物质工具，实用主义漠视这一点。

2、实用理性强调历史的积累和文化对心理的积淀，认为从这里生发出客观性及普遍必然性的绝对标准和价值，重视历史成果，所以叫人类学历史本体论。实用主义不然，认为有用即真理，一切均工具。

3、实用理性设定物自体（天道）作为经验来源和信仰对象，提出"宇宙与人协同共在"，实用主义不认同这些。

当然这是相当简单化的比较，而且这里的实用主义主要是指 John Dewey。

有关"西体中用"（Western substanc, Chinese application）

一、"'西体'多遭误解，实乃指现代化的人民大众的日常现实生活（特别是物质生活），以之为'体'，极为重要"（《说西体中用·序》），因其他一切均应以之为根本、为基础、为依靠。

二、"有趣的是，鄙人主张'西体中用'，而与传统的和今日的'中体西用'者对立。但'体'既为科技工艺和生产力及方式，则'中体西用'论者因允许和推行'西用'，其'中体'也必不能坚持而将逐渐改变，不论其是否自觉是否自愿。前章（16.3记）引陈寅恪'独立精神，自由思想'即其一。而逐渐改变（改良而非革命）却又正是'西体中用'论所主张。于是，'西体中用'竟可通过'中体西用'而实现自己，如此吊诡，岂非 Hegel 所谓'历史之狡计'和可悲可喜之时代迷藏么？"（《论语今读·20.1记》）

三、也就是说，"西体中用"通由"中体西用"的方式和理论以实现自己，整个"中体西用"成为"西体中用"之"中用"过程中的组成部分或阶段，此非始料所及，却成为历史曲折前行的实然。但历史不会止步于此，"中用"会继续创造出适合于"西体"（即现代化的物质生活，它由百余年向西方开放而输入）的更佳新形式。

（原载《学问》2015年创刊号）